创新之都——深圳

◎ 张跃平　徐传武　甘泗群　著

东南大学出版社
SOUTHEAST UNIVERSITY PRESS
·南京·

图书在版编目(CIP)数据

　创新之都——深圳/ 张跃平,徐传武,甘泗群著
.—南京:东南大学出版社,2020.9
　ISBN 978 - 7 - 5641 - 9132 - 0

　Ⅰ. ①创… Ⅱ. ①张… ②徐… ③甘… Ⅲ. ①城市发展-研究-深圳 Ⅳ. ①F299.276.53

　中国版本图书馆 CIP 数据核字(2020)第 186521 号

创新之都——深圳

出版发行	东南大学出版社
地　　址	南京市四牌楼 2 号　邮编:210096
出 版 人	江建中
责任编辑	胡中正
网　　址	http://www.seupress.com
经　　销	全国各地新华书店
印　　刷	江苏凤凰数码印务有限公司
开　　本	700 mm×1000 mm　1/16
印　　张	7.25
字　　数	215 千字
版　　次	2020 年 9 月第 1 版
印　　次	2020 年 9 月第 1 次印刷
书　　号	ISBN 978 - 7 - 5641 - 9132 - 0
定　　价	30.00 元

本社图书若有印装质量问题,请直接与营销部联系。电话(传真):025 - 83791830。

前 言
PREFACE

深圳地处我国南海边,珠江口东侧,深圳河北岸。1979年之前,这里和南海边其他破旧的小渔村并无不同,人们在每日的重复劳作中忍受着贫穷与落后。而深圳河南岸却是另一番景色,香港作为自由港和国际金融中心高楼林立,以轻工业和金融为代表的产业蓬勃发展,一时成为"亚洲四小龙"中风头最盛的典范。1979年香港GDP约为当年内地的五分之一。当时的有识之士不禁感叹,身为同文同种的华夏儿女,为何两地的经济发展水平相差如此悬殊?

"1979年,那是一个春天,有一位老人在中国的南海边画了一个圈",正如歌里唱的那样,这一年我国开启了改革开放的元年,深圳成为经济特区,从此深圳开始变革制度,改进各种招商引资政策,推行自主创新,吸引创新人才和创新企业落户。经过几代深圳人的不断努力,深圳从落后的小渔村一跃成为国际化大都市,不仅是我国超一线的特大型城市,也是自主创新的先行者。特别是深圳涌现出一大批深耕自主创新,并占据行业内龙头地位的民营企业,如大疆、比亚迪等。39年后的2018年,深圳GDP达24 221.98亿元人民币,超过香港的24 022.44亿元人民币,为历史首次。2019年2月18日,中共中央、国务院印发《粤港澳大湾区发展规划纲要》。按照规划纲要,粤港澳大湾区不仅要建成充满活力的世界级城市群、国际科技创新中心、"一带一路"建设的重要支撑、内地与港澳深度合作示范区,还要打造成宜居宜业宜游的优质生活圈,成为高质量发展的典范。而香港、澳门、广州、深圳四大中心城市为区域发展的核心引擎。在这一重大历史机遇下,深圳将会迎来新的发展机会,在新的发展征程中紧紧依靠自主创新创造更加辉煌的明天!

  本书是由中南民族大学张跃平教授团队完成,部分初稿整理与校对由经济学院的多位老师和同学完成,在此向他们表示感谢。

笔者于南湖畔
2020 年 5 月

目　录
CONTENTS

引言　深圳创新的世界评价 ·· 1

第一章　研究背景 ··· 5
　　一、研究内容 ··· 5
　　二、研究综述 ··· 6

第二章　国外创新发展的经验与启示 ·· 10
　　一、美国经验（硅谷） ·· 10
　　二、日本经验（筑波科学城） ·· 18
　　三、德国经验 ·· 24
　　四、国外创新发展的启示 ·· 28

第三章　深圳创新发展水平 ·· 31
　　一、GDP ··· 32
　　二、财政收入 ·· 35
　　三、居民生活 ·· 37
　　四、创新能力 ·· 40
　　五、小结 ·· 42

第四章　深圳金融发展实践 ·· 44
　　一、国内外金融中心建设理论综述 ······································ 44
　　二、深圳关于未来金融发展的规划 ······································ 45
　　三、深圳金融中心建设的现状及意义 ···································· 46

第五章　深圳互联网行业发展实践 ······ 50
　　一、深圳互联网产业发展情况 ······ 51
　　二、深圳互联网产业面临的主要问题 ······ 54
　　三、深圳互联网产业未来发展的思路 ······ 56

第六章　深圳电子行业的创新发展 ······ 59
　　一、深圳市电子产业发展现状 ······ 59
　　二、深圳市电子信息产业发展的有利条件 ······ 61
　　三、深圳市电子信息产业发展存在的问题 ······ 62
　　四、促进深圳市电子信息产业优化升级的建议 ······ 63

第七章　深圳医药行业的创新发展 ······ 66
　　一、深圳市生物医药产业发展状况 ······ 66
　　二、深圳医药产业发展面临的问题 ······ 69
　　三、深圳医药产业进一步发展方向 ······ 70

第八章　部分民营企业创新发展的实践 ······ 72
　　一、大疆 ······ 72
　　二、比亚迪 ······ 80

第九章　深圳创新发展的内在动力 ······ 92
　　一、面向世界市场是深圳自主创新的基础 ······ 92
　　二、企业主体是深圳自主创新的关键 ······ 93
　　三、产业转型升级是深圳自主创新的动力 ······ 94
　　四、率先形成创新体系是深圳自主创新的环境 ······ 96
　　五、政策大力引导是深圳自主创新的保障 ······ 97

第十章　深圳创新发展的外部推力 ······ 99
　　一、产业政策助推深圳创新发展 ······ 99
　　二、中央政府的顶层设计 ······ 100
　　三、地方政府的产业政策 ······ 102
　　四、国家战略与深圳发展 ······ 103

参考文献 ······ 109
后记 ······ 110

引 言——深圳创新的世界评价

深圳,是广东省的计划单列市,位于广东省南部,是中国改革开放以来建立的第一批经济特区之一,40余年来已发展为有一定影响力的国际化城市,创造了世界瞩目的"深圳速度"。

2017年,深圳规模以上工业实现增加值8 087.62亿元,同比增长9.3%;先进制造业和高技术制造业增加值分别为5 743.87亿元、5 302.47亿元,分别增长13.1%、12.7%,占规模以上工业增加值的比重分别达到71.0%、65.6%;以华为、华星光电等为代表的工业百强企业实现增加值4 677.55亿元,增长10.5%,对全市规模以上工业增长的贡献率达91.7%,占规模以上工业比重达57.8%;新经济快速发展成为深圳经济增长的增长新动力。2017年,深圳新兴产业实现增加值9 183.55亿元,增长13.6%,占GDP比重提升到40.9%。其中,互联网产业、生物产业、航空航天产业均达到20%以上的增速。

深圳真正意义上的发展是从1980年8月26日开始的。成为经济特区后的深圳,其发展速度令人称奇。纵向看,深圳在发展的几十年间经济突飞猛进,经济发展势头至今仍然强劲。

2000年,深圳GDP总量提升至中国城市第4位,从而与北京、上海、广州相提并论,成功跻身一线城市。根据中国社科院发布的《城市竞争力蓝皮书》,2014年中国城市综合竞争力排名中,深圳首次超越香港,成为榜首。《城市竞争力蓝皮书》对深圳的评价是由"山寨之都"蜕变成"创新之都",充分体现了深圳在珠三角乃至全国的地位日益凸显;同时也说明深圳建设创新型城市的发展路径与发展模式受到业界肯定。英国《经济学人》的《深圳是创新温室》的文章称,中国很大一部分创新行为是由珠三角的企业实现的。深圳对人口的自由流动几乎没有任何限制,劳动合同宽松,同时也不歧视外地人,这些都成为深圳创新发展的动力之源。

1980—2019年,深圳的年均实际GDP增幅大约为22%,目前保持在2万亿元人民币。仅深圳南山区就有125家上市公司,综合市场价值接近4 000亿美元。

深圳的研发支出占GDP的比重为4%以上,是中国大陆总体平均水平的两倍,在南山区这一比例超过6%。大部分资金来自私企。深圳公司申请的国际级别专利总数量已经超过法国和英国。

深圳的许多工厂在发展初期的确是通过模仿西方商品,一些人据此认为深圳只是抄袭者。"这种说法是没有道理的。"深圳开放创新实验室主任李大维说,"曾经的深圳已经蜕变为一个可以进行合作和快速学习的供应商。任何人都可以带着一个尚未成形的想法来深圳,把想法变成样本、试验、生产,然后以一个相对合理的价格推入市场。"他认为,硅谷更加执著于解决发达国家的问题,而中国的开放创新者更多地把精力投入到为大众提供从居民健康、环保到金融行业等各种问题的经济实惠的解决方案。

《经济学人》称,深圳特区在否定"中国抄袭"这种早已不是事实的谣言方面所发挥的作用的确超过了中国大陆其他每一个地方,深圳特区已经成为全球硬件和创新中心。

马立安、黄韵然以及乔纳森·巴赫合著的《向深圳学习》揭示了经济特区深圳自1980年开放以来的诸多发展历程。例如,早期改革者推动与非本国公司进行投资交易,制定了保护外国公司利益的相关法律框架。草根创新者一次又一次发现了更高效、更合理的做事方法,尽管严格来说有些行为在当时是不被允许的。当他们的冒险行动被证明是富有成效的时候,城市领导者也会加以鼓励。所以,要做深圳的创新相关的研究,最好的办法就是透过创业企业的视角去观察。

为了破除已经成为过去式的"山寨中国"的论调,深圳比中国内地其他地方付出了更多的努力。现在的深圳,已成为制造方面和硬件方面的全球创新中心。深圳的创业者正努力创造全新的产业。深圳作为珠三角创新的强大驱动力,正在引领珠三角发展,提高中国的国际竞争能力。

2018年5月24日至25日,德国总理默克尔对我国进行了正式访问。除访问北京外,默克尔总理一行还专程访问了深圳。在会谈中,她谈到深圳从小渔村到大都会的发展非常罕见,她希望了解粤港澳大湾区的现有成长基础和未来发展趋势、相较于其他湾区的产业优势和核心竞争力、湾区主要城市间的分工协作及要素流动情况等,尤其是深圳在这一国家战略中的地位和作用,以期德国能抓住这一重大机遇,更好实现互利共赢。默克尔总理还专门了解了这座改革开放先锋、创新驱动发展城市的发展潜力,尤其是科技水平和创新、创业环境,释放出希望加强与深圳开展创新合作的强烈信号。《南德意志报》刊文称,在美国 CES 消费电子展上,中国企业带来的创新产品让世界刮目相看。因此,欧洲人必须努力,以免被"中国硅谷"深圳的高科技先锋们远远甩在后面。

党的十八大以来,改革开放进入全面深化的新阶段,借助中央顶层设计,深圳发展呈现出一些新机遇。

1. 区域经济发展与深圳发展互动的顶层设计战略。2015 年,中央批准前海蛇口自贸区成立,发挥前海毗邻香港的地缘优势,带动珠三角地区的产业发展。2017年以来,国家研究制定粤港澳大湾区城市群发展规划,深圳成为推动内地与港澳深化合作的前沿和纽带。建设粤港澳大湾区是国家宏观战略下区域经济发展的新模式,势必将为深圳未来几十年的快速发展提供宝贵机遇。开放发展、协调发展的新理念和新战略与深圳发展形成互动格局。

2. 制定完善的创新驱动发展战略,带动深圳创新发展。早在 2008 年深圳就成为第一个国家创新型城市试点,出台了第一部国家创新型城市规划。2014 年,深圳国家级自主创新示范区正式宣告成立,成为党的十八大后首个以城市为单位的国家级别的自主创新示范区。党的十八大以来,在中央政府顶层设计的带动下,深圳创新型城市建设步伐突飞猛进,取得了空前巨大的成就。深圳特区研发投入占 GDP 总值的比重从 2012 年的 3.81% 升至 2019 年的 4.2%,研发投入的强度达到全球领先水平;2019 年深圳 PCT 国际专利申请量为 14 924 件,连续 16 年居全国第一。

3. 顶层设计重视绿色发展,带动深圳转型发展。2013 年,深圳碳交易平台正式挂牌,并且在之后的一段时间里保持着良好的运转,成为我国首个进行正式碳排放交易的试点城市。2015 年,深圳特区的国际低碳城成为国家首批低碳城试点。近年来,深圳产业低碳化特征明显增强,高新技术、金融、物流、文化领域的产业在深圳 GDP 中的占比超过 60%。近年来,深圳是中国单位面积经济产出最高的城市,也是万元 GDP 水耗、能耗和碳排放强度最低的大城市,更是中国空气质量最好的特大城市之一。2018 年空气质量优良天数达到 345 天,"深圳蓝""深圳绿"已成为深圳的城市名片。

4. 共享发展带动深圳民生新发展。以罗湖试点为基础的深圳公立医院改革走在全国前列。2017 年,国务院医改办在深圳召开全国医联体建设现场推进会,将罗湖医改经验向全国推广。深圳不忘先富带后富,在服务全国对口扶贫工作中得到中央表彰,支持喀什深圳城、深圳产业园等园区建设,支持喀什大学、河源市深河中学等一批学校建设。

但在看到这些成绩的同时,应当看到,深圳存在着本土顶层设计不够、缺少重大改革突破的问题。自从党的十八大召开以来,依靠中央政府的顶层设计,深圳在五大新发展理念指导下,在各个方面都有了长足进步。

总体而言,深圳在改革开放以来取得的成绩是有目共睹的。相比之前的以传统企业为主导,深圳已经逐渐走向了创新主导的模式,各种数据指标正是其成长的有力证明。新时代,我国的产业升级蕴含巨大的机遇,也面临相当的挑战,如何从"中国制造"转变为"中国创造"是其中的一个关键。创新是国家对我们的需求,也是时代赋予我们的使命。深圳作为创新的先锋,更应当起到领军的作用。

第一章 研究背景

一、研究内容

新时代,我国已经建成门类齐全的工业体系,制造业的水平也已经达到了较高的水准,更加注重经济增长质量。近年来,许多专家学者对"中国创造"进行了研究,并且将研究成果运用到实践当中去取得了不俗的成绩。本书以"中国创造"的先锋——深圳为例进行研究。

研究国外的创新模式与历史:通过研究国外的创新历史,我们可以从中获取更多的经验与教训。该篇主要研究美国、日本、德国这三个具有代表性的国家的创新历史,通过分析不同政治体系下的创新,可以为中国特色的创新路径提供启示。

研究深圳创新发展的实践:深圳作为中国最早的经济特区之一,其发展的历程自然值得借鉴。该篇从深圳发展的概况、深圳发展的辉煌与深圳高新技术发展的历史进行阐述,剖析深圳成功的原因。

研究民营企业的创新实践:该篇挑选了大疆、腾讯等具有代表性的民营企业,探讨这些企业能够走在创新发展前端的原因。

研究深圳创新发展的国际背景:分析了深圳周围的国际环境以及深圳如何在起点较低的情况下成功地融入国际竞争并创造辉煌。

研究产业政策与深圳创新发展的关系:从中央政府的产业政策、中央政府的顶层设计以及地方政府的产业政策三个角度分析,解释产业政策与政府是如何推动深圳发展的。

二、研究综述

建设创新型城市对于中国实施创新驱动战略、建设创新型国家具有重要意义。深圳作为首个国家创新型城市试点、首个以城市为单元的国家自主创新示范区,创新型城市建设成果显著,实现了创新要素和创新资源向企业集中的格局,形成了城市创新发展的"深圳模式"。

(一)深圳创新能力评价

目前,国际通用的创新型城市的评价指数主要有3T创意指数、创意城市指数及全球创新城市指数。全球创新城市指数是由澳大利亚2thinknow智库发布的,是目前认可度较高的一种评价城市创新力的方法,基本代表全球科技创新中心研究的发展方向。其发布的"全球创新城市指数2019"显示,深圳列全球创新城市第53位,其创新指数排名位居我国第三,属于枢纽型城市。深圳创新型企业众多,拥有华为、腾讯、中兴通讯、比亚迪等一批世界著名的创新型企业,科技创新市场导向机制比较完善。2017年,石泽根据世界知识产权组织《2017全球创新指数报告》发布的深圳—香港地区以"数字通信"为主要创新领域在全球"创新集群"中排名第二的结论,得出深圳地区已经成为非常具有规模的科技创新中心,具备了世界级的创新生态环境,在制度、人才、创新网络等多方面具有竞争力。在这个指标上,深圳不仅超越北京、上海,也超越了全球数个知名的创新地区。

我国学者在城市创新能力的研究中也对其进行了较深入的研究,中国创新城市评价课题组出具的《2019中国创新城市评价报告》显示,2019年深圳创新总指数达到76.25%,仅次于北京、上海。2016年,王江平研究认为京深沪领跑创新城市格局基本稳定,数据显示,2010—2014年,北京、深圳和上海城市创新总指数连续五年稳居前三位。其中,京沪深创新产业和创新产出指标包揽前三,北京创新资源和创新投入位居榜首,深圳创新效率领先全国。北京和上海争创全国乃至全球科技创新中心的实力和地位凸显,深圳作为改革开放以来新兴的创新城市代表,其创新活力空前,与北京、上海成为我国城市创新的金三角。在《中国城市创新竞争力发展报告(2018)》蓝皮书中,深圳在中国副省级城市创新竞争力排名中位居第一,同时深圳位列中国城市创新竞争力排名前三名。

（二）深圳创新发展成效

2015年，江杜安认为深圳作为创新之都，其创新发展已经取得了显著的成效。主要表现在：一是科技创新的引领作用加速凸显，深圳正加快实现从应用技术创新向基础技术、核心技术、前沿技术创新转变，从跟随、模仿式创新向源头、引领式创新跃升。二是一批有影响力的新型研发机构快速育成，现已成为引领源头创新和新兴产业发展的重要力量。三是重大自主创新成果和有影响力的创新人物加速涌现。四是创新型经济的主引擎作用更加突出。以华为、比亚迪、华大基因、研祥智能、大疆科技、超多维为代表的一批具有国际竞争力的创新型企业迅速崛起，成为我国企业参与国际竞争的强力军。五是综合创新生态体系日益完善，众创平台蓬勃发展，大众创业、万众创新的氛围浓厚。

2017年，许鲁光认为深圳市作为我国科技进步和创新的重点城市，已经形成了全国首个以企业为主体的城市科技创新体系，政府层面也形成了有效支持企业自主创新的全产业链支持服务体系和与自主创新相适应的投融资体系。而且，深圳还形成了鼓励创新、宽容失败的城市创新文化。

（三）深圳创新发展模式及经验

张士运认为深圳的自主创新之路是由市场来主导和选择的，真正形成了以企业为主体的自主创新体系，研发成果完全直接面向企业，建立和完善了开放型的区域创新体系，产学研结合创新能力较强。2009年，简兆权、刘荣认为深圳市政府"科学有为"，在明确自主创新能力是建设创新型城市的核心要素的基础上，以"一个战略""四个高地""五个平台"为基本建设构架，探索出一条独特的基于高新技术支柱产业发展的深圳模式，对推动全国创新型城市建设有着重要的启示和借鉴意义。2011年，尤建新认为深圳创新型城市建设模式是在"政府推动＋市场驱动"的双重作用下，率先从外资依赖到自主创新转型发展，大力发展民营经济和科技金融，率先建立起以市场为导向、产业化为目的、企业为主体，政产学研紧密结合的区域性自主创新体系，走出了一条以民营经济为主体的自主创新发展之路。2016年，段杰认为深圳自主创新的发展路径，其实是在充分发挥政府引导、市场运作、创新文化引领的基础上，深度挖掘企业作为创新主体的核心作用，形成了高新技术企业集群并培养了众多本土知名企业，形成了以高新技术产业为基础、以市场为导向、以企业为主体、以用户为中心、"产学研""政产学研""政产学研用""政用产学研"组合的自主创新发展模式。

2010年,张厚明、张燕认为深圳建设创新型城市的探索为国内外其他城市的发展提供了珍贵的经验和启示,这些经验和启示可以概括为:坚持制度创新和集群式发展,发挥比较优势,善于利用外部资源和培育自主创新的城市文化。2016年,辜胜阻、杨嵋等通过总结深圳创新发展的经验提出,建设创新型城市需要从培育创业创新文化、完善人才激励机制、构建配套金融支持体系、激发企业家精神、发挥企业创新主体作用、营造创业创新环境等方面多措并举、多方协同,最终形成创业创新生态系统,调动全社会积极性共建创新型城市。

(四)深圳创新存在的问题与对策

2018年,王哲总结了深圳创新的四大"短板":首先是科研,由于经济特区建设较晚,在科研资源上明显不如北京、广州等城市,国家布局的重大科研基础设施较少,对深圳的基础研究产生影响。其次是高等教育资源,比起北京、上海来说差距很大。第三是人才短板,深圳高层次专业型人才、先行技能型人才依然稀缺。第四是深圳创新自身的不平衡。虽然深圳在企业创新整体上充满活力和优势,但由于科研基础缺乏,小企业受到自身实力限制,与华为等大企业在创新中存在失衡现象。

2018年,汪云兴认为深圳作为影响力卓著的创新引领型全球城市,仍旧存在许多短板需要尽快补齐。一是补齐科研短板,建设引领性国际科技创新中心。二是发挥突出优势,建设世界重要的新兴产业策源地。强化科技与产业无缝对接,以发展实体经济为根本,促进技术创新能力再提升、产业结构再升级、发展质量再提高。三是补齐人才短板,打造国家创新人才高地。实行更开放、更有吸引力的人才引进政策,汇聚全球人才资源,努力造就世界水平的高精尖领军人才、创新基础支撑人才、高素质工匠型人才、高水平科研咨询管理人才、创新型企业家人才等领军队伍。四是深化改革创新,打造创新发展新特区。亟须顶层设计和基层实践相结合,有条件的地区先行先试、大胆探索。争取国家支持,发挥深圳的宝贵经验,加快建设创新特区,加快创新制度供给,推进体制机制深刻变革。支持在新经济市场准入、行业监管等方面综合授权、先行试点,率先营造国际化的创新创业制度环境,引领经济发展新常态。

2018年,何国勇认为深圳市建设国际科技、产业创新中心面临着营商成本上升比较快、持续创新能力不牢固、制造业中心有不断弱化趋势等挑战,并提出了相应的对策:一是减缓城市物业价格上涨速度;二是积极融入粤港澳大湾区城市群;

三是建设一批高水平的研究型大学、科研机构和重大科研基础设施;四是深化科技管理体制、机制改革;五是进一步优化城市营商环境。

(五) 小结

上述研究为本书打下了理论和实践基础。深圳创新发展成果斐然,这其中培养创造良好的创新环境,创新制度供给,良好的人才培养机制,鼓励民营企业大胆创新,构建创新体系等都是宝贵经验。

第二章 国外创新发展的经验与启示

一、美国经验（硅谷）

美国有着当今世界最完备的创新体系和最有活力的创新生态系统，其中的代表便是以高新技术为核心的硅谷。作为中国赶超的目标，美国的创新发展历程及其经验教训对我国深入实施创新驱动发展战略有着极强的借鉴意义。

（一）产学互动的创新组织模式

产学研一体化机制是一种充分利用科研单位、学校和企业等众多的不同的教育资源，发挥各自优势对人才进行培养，将以课堂知识传授为主的教育方式与以实践能力为主的生产、科研实践有机结合的机制。由协调运行机制、保障机制和利益分配机制三个部分组成的产学研一体化机制是美国硅谷科技成果转化的主要途径，为美国硅谷的发展提供源源不断的动力。

斯坦福大学是硅谷诞生的摇篮。正是这一知识和人才的聚集地，最终孵化和造就了硅谷。20世纪50年代，斯坦福大学采纳硅谷之父特曼的建议，在硅谷建立了学工密切配合的研究园。这一研究园的建立，将以科学为基础的工业和大学研究工作联系起来，大学与科研、工商业紧密结合，构成硅谷特色的产学研一体化机制，是美国硅谷创新力量的主要来源。邓海珠认为，硅谷于50年代初具雏形，斯坦福大学是一个重要因素。斯坦福研究园区把大学与工业结合，形成理想的科学园区模式。斯坦福园区慢慢向南扩大，就形成了今日的硅谷。以斯坦福大学为代表的美国顶尖大学和研究机构是硅谷的创新主力。斯坦福大学自由的学术氛围和开放的办学理念有力地促进着学界和产业界的融合。课题研究的导向多与商业相关,并且鼓励外部公司与校内师生间的研究合作,创立课堂教学与大量实践相结合的教学方式,形成从课堂知识到生产力的转换。这种产学研一体化机制使科研成果快速转化为生产力。斯坦福大学不断为企业输出研究成果和专业人才,还大力为人才提供技术转化服务,创造性地在全美设立了第一个技术授权办公室,专门负责管理斯坦福的知识产权资产,主要为全校师生的各项科研成果申请专利,并协助把这些专利授权给工业界。而硅谷企业为斯坦福大学等高等院校的学生提供了就业机会,让他们在校期间就可以利用高科技企业的实验室、研究站作为实习基地,能够及时获知企业的最新技术需求和市场最新的发展方向;同时,企业提供的高额研发经费也使得高校获得巨大的财力支持,用以提升自身科研能力和实现优秀人才队伍培养,从而源源不断地向实习基地输送优质人力资源,不断为硅谷注入新鲜活力。

集聚的科研机构和产业力量是硅谷的一个主要特征。硅谷主要区位特点是以科研力量雄厚的美国顶尖大学作为依托,主要包括斯坦福大学、加州大学、圣塔克拉拉大学等。结构上,硅谷以高新技术中小公司群为基础,同时拥有谷歌、Facebook、惠普、英特尔、苹果、思科、英伟达、甲骨文、特斯拉、雅虎等大公司,融科研、技术、生产为一体。

产学研协调运行的过程以大学为中心,从这一点来看,以斯坦福大学为主的大学和研究机构是硅谷重要的创新力量。斯坦福大学成为硅谷地区高校与周围园区中各类创新企业间合作密切的代表,实现了创新、创业、教学间实现频繁而有效的互动。硅谷的崛起离不开这种以大学为中心、生产与科研相结合的机制。一方面,这种产学研一体化机制使科研成果快速转化为生产力,另一方面也促进了高校与企业、市场之间密切互动的发展模式。

现在的斯坦福大学依旧是推动硅谷发展的重要力量,这里每年新创立的企业数目几乎等同于它当年所培育出的商学与工程学的毕业生。优秀大学能为新工业中心发展提供依托,充满活力的创新公司很大部分力量来自硅谷附近两所大学——加州大学伯克利分校和斯坦福大学的教授和毕业生。斯坦福大学的科研成果通过技术转移传递给市场中需要的企业。学校也能及时获得社会各界的需求信息反馈。高校是创新的来源,资本市场对创新性的需求迫使市场中的需求流向高校,这些由市场逐利性所引起的创新需求使高校成为利润产生的起点。而高校的创新动力和持续性在于资本市场及时反馈的各类需求信息。

硅谷有太多的风险资本家、银行家、律师和工程师,甚至资产上亿的企业家均毕业于斯坦福大学。除此之外,斯坦福大学还不断地派生出新公司,如雅虎、惠普、苹果、思科、太阳微系统、英特尔、硅图等。其中,太阳微系统(SUN)、硅图(SGI)和思科(Cisco)先后诞生于斯坦福大学工学院的同一座楼里。太阳微系统的SUN就是斯坦福大学网络(StanfordUniversityNetwork)的缩写。斯坦福大学的存在是硅谷能够发展为美国高技术产业中心的重要因素之一。

硅谷产值总额的65%来自斯坦福大学教授和学生创办的成百上千的高技术公司,同时还增加了25万多个的就业机会。美国西海岸这两所世界级科学和工程学研究大学积极地投身于硅谷的工业之中,被喻为是硅谷心脏。除了大量供应一流的工程师以外,它们每年还培育了比麻省理工学院多一倍的博士生数量,创造出令美国其他地区无法媲美的技术环境。作为计算机、半导体和机电一体化等科学领域重要的研究中心,斯坦福大学、加州大学伯克利分校等出色学府孕育了昌盛的学术钻研的风尚和领先的技术开发能力,对美国硅谷产生了深远影响。

一直以来,斯坦福大学师生始终遵循和实践学以致用、促进成功、勇于创新这一办学宗旨,将以科学为基础的工业和大学研究工作联系起来,大学与科研、工商业紧密结合,构成硅谷特色的产学研一体化机制,源源不断地为硅谷发展提供动力。

斯坦福大学和工业界密切结合,创立课堂教学与大量实践相结合的教学方式,成为从课堂知识向生产力转换的高校典范。有人说,斯坦福之于硅谷,正如硅谷之于美国,斯坦福工业区为硅谷电子业的发展奠定了基础。如今硅谷能够发展成聚集学术精英、科技天才的美国高科技产业中心,很大程度上是仰赖于斯坦福大学。

(二)小企业集群网络体系

企业聚集是硅谷发展模式的主要导向。这种产业集群的发展模式有利于提高企业生产率,推动产业改革,促进企业创新,特别是创新因素的集聚和竞争动力在产业集聚的环境下被放大。竞争战略之父波特教授认为,集群的发展模式可以促使集群中的各个企业技术溢出,帮助别的企业技术进步,频繁的互动有利于促进创新的发生,彼此间专业要素的交换更加便利,从而为整个集群中的企业创造范围经济收益。

狭长的硅谷包含了大大小小的企业群,大中小企业之间形成了一个合理的企业结构,各产业集群分工明确又融合交流,是世界上最大的信息产业集群。在很长

第二章 国外创新发展的经验与启示

时间范围内,小企业形成具有较大创新优势的集群,在硅谷的发展一直占据着最为核心的竞争力。硅谷作为一个完整的高技术工业城聚集着 10 000 家以上大大小小的电子产业公司。不同规模的企业密集交错,综合聚集的情况下产生最优的规模效应。集群内的各企业之间通过合作,相互之间得以交流、沟通、碰撞,从而利用规模经济的优势,共同开展市场营销。与传统企业自力更生、通过采购直接组合的结构不同,硅谷采用的是竞争合作并存、商业交往与市场信息交流共存的集群形式。有助于知识和信息外溢,促使硅谷形成了出色的技术交流网络和优秀的技术扩散机制。

硅谷的发展模式最具特色的地方不是大的企业,而是扁平的网络型组织机构。硅谷地区小企业集群遵循适者生存的发展规律,开拓创新,技术竞争,推动其中的各个小企业得到一定发展。小企业集群的发展是在一定的历史条件下形成的创新集体。相对其他地区而言,硅谷小企业集群的发展模式具有很大的灵活性。与通过组织结构来确定工作形式的传统企业相反,它们主要采用根据工作形式来决定企业的组织结构。

硅谷小企业集群的网络发展体系表现出一种开放的管理形式,形成合作共赢、创新竞争的独特发展精神。在竞争的同时保持合作的关系,鼓励各企业之间相互学习、争相创新,推动共同发展。

根据这些年的一些研究来看,经济发展在簇集型和社群型的情况下更容易成功且利于保持。硅谷作为簇集型的代表,高度集中的产业密度成为硅谷成功的一个重要因素。创新因素的集聚和竞争动力在产业集聚的环境下被放大。波特认为,产业的竞争优势中一部分积极的影响来自产业的地理集聚。从世界市场的竞争来看,那些集聚起来的产业可更大概率地占有市场上具有国际竞争优势的产品,其产业内具有国际竞争优势的产品的企业往往是群居在一起而不是分居。企业集聚的优点包括提高企业生产率,推动产业改革,促进区域创新,催发行业内新企业的建立。

首先,产业集聚有利于提高生产率。地理位置集中的产业,在原料的供应效率、员工的招聘、行业相关的信息采集上更有优势。另外,产业集聚还能减少政府在基础设施上的花费。这些都有利于群聚区域内的企业提高生产效率,降低生产成本,从而在与市场中的其他企业竞争中获得优势。其次,产业集聚有利于区域创新。产业集聚使顾客群更加集中,从而有助于新企业建立过程投资风险的降低。在集中的市场中,产品或服务的短板更容易暴露,给创业者增加了机会,受到启发建立新的企业,进而缩短中小企业的上市进程。而完善多层次资本市场体系,创建良好的创新环境,完善创业市场使集群区域内新企业的建立所需要的设备、技术、信息、员工等都能在区内解决。同时,集聚内企业生产专业化、信息集聚化以及专业人才聚集化,一个产业所需要的专门的基础设施、法律、金融和其他的专业服务得以发展。同时,集聚发展模式推动了企业间的交流学习,也加剧了相互间的竞争,集群内遵循优胜劣汰的原则促使企业在这一过程中获得优势,促进企业发展。

(三) 风险投资机制

高新技术的高成长性是硅谷发展的源头,但是与传统产业相比较,高新技术企业融资往往具有高风险、高投入的特点。因此,在硅谷发展中,风险资本也起着非常重要的作用。20世纪70年代末80年代初,美国政府出台鼓励投资和对中小企业实行税收优惠政策,促进了风险投资的发展,投资逐步取代军费成为硅谷创业者的主要来源。风险投资具有资金放大器功能,为硅谷高技术产业化提供了资金支持。

首先,风险投资为硅谷科技成果转化提供了资金保障机制。科研成果从实验室走向市场,面临的最大困难就是资金的缺乏。对于高风险、高投入的新兴企业来说,风险投资的涌入缓解了资金缺乏问题,风投机构所提供资金支持也为硅谷的科技企业带来了良好的融资渠道和管理援助。据对硅谷的一项调查表明,70年代以后成立的企业,有30%把风险资本作为主要创业资金来源,15%的企业则表示,在头5年中,风险资本是他们最主要的资金支持。苹果、英特尔、太阳微系统、思科、恒心等一批批著名电子企业都是得益于私人风险投资。到90年代初期,硅谷已经吸引了60多亿美元的风险投资,帮助创办了1 700多家高技术企业。

其次,风险投资为高新技术创业企业提供了科学的管理机制。美国风险投资机构积极地参与到风险企业的后续管理中,包括日常经营、人事安排、产品推广、再融资等。成熟的风险资本家不仅为硅谷的企业提供可靠稳定的资金,风险投资机构还利用自身的专业能力、资金运作经验帮助企业进行资本运作、招募人才、组织和改善企业的管理团队和治理结构,以及为企业的经营提供咨询服务和指导等一系列增值管理服务。

此外,风险投资对硅谷企业的技术创新和人才培养提供合理高效的激励机制。在风险资本的驱动下,更多的高新技术企业得以发展壮大,科研成果有效地转化为现实生产力。风险投资家的逐利性使得他们倾向于鼓励企业进行进一步的创新,

第二章 国外创新发展的经验与启示

以得到更高的利益。企业为不断研发出新的技术,需要吸引和培养大量的高新技术人才,硅谷的高科技产业在这种良性循环下蓬勃发展。

硅谷具有庞大风险投资体系、便利的专利申请与完善的创业市场,使得技术发明者们通常选择自己直接创办高技术企业而不是转让技术成果。因此,硅谷有1 000多家风险投资和2 000多家中介服务机构,其创新风险投资常年占全美风投总额的2/5左右。硅谷的风险资本机构不仅向有前途的公司提供资金,而且还提供公司发展需要的律师、管理和广告等相关方面的咨询,帮助组织和改造公司,建立关系网,这一机制对苹果、英特尔等企业的早期发展壮大有着不可替代的影响。与传统产业相比,具有高风险特点的硅谷高新技术企业融资往往依靠各风险投资机构,政府提供的帮助较少。在硅谷发展的过程中,除斯坦福大学等高校采取的各项措施外,硅谷地区市场上庞大的风投机制也有举足轻重的作用。

科研成果从实验室走向市场,面临最大的困难就是资金的缺乏。高校自身并不经商,也不存在自己的工厂或企业,校内基金主要来源是校友及社会企业家们的捐赠。高校内建立的工业研究园区仅收取创业公司象征性的租金,从而鼓励学生创业。尽管如此,新兴企业高风险、高投入的特点还是使得他们无法避免资金缺乏的问题,而风险投资的存在能很好地提供帮助。除直接提供资金支持外,风投机构还一并带来了良好的融资渠道和管理以援助这些新兴企业。硅谷所拥有的风险投资基金占全美的40%左右,他们提供有保障的资金,进一步促进了硅谷企业的形成和社会技术创新的进程。21世纪以来,硅谷的风险资金呈现出为大型风险投资公司批量生产小型创业公司并支持其后期投资的新局面。硅谷让风险投资盈利常态化,并不断孕育出出色的大公司。

在风险资本的驱动下,有更多的高新技术企业得以发展壮大,科研成果被有效地转化为现实生产力。为企业能获取最大程度的收益,硅谷形成了一套完整的激励机制。除正常薪水外,还给经理人投资收益的20%超额回报,以此来鼓励风投经理人。硅谷员工拥有购股选择权和股份授予,从而激励员工努力工作和不断创新。

作为拥有高风险、高投入特点的高新技术产业,若没有大量资本的支持,难以想象这种资本密集型的产业如何进行技术创新,更不用说新技术和成果的产业化。如果说,硅谷早期发展高新技术产业的研究经费主要来自政府军事和国防采购资金的支持,那之后硅谷的崛起则离不开风险资本的援助。在福里斯特看来,美国西海岸充裕的风险资本为硅谷的成功起了不可磨灭的作用。硅谷企业资本家在发展过程有着关键性的作用。有人把风险资本产业比作硅谷高技术产业崛起的经济引擎。风险资本家们凭借对未来市场的准确判断，对当前经济的巧妙运用，成为硅谷成功不可或缺的幕后推手。然而人们往往谈论硅谷出色的高新技术企业家和它领先的技术及其产品，而忽视背后的风险投资家。风险投资家与高技术企业家之间的相互配合，才推动了硅谷经济的腾飞。风险投资家、天使投资人、战略投资家和投资银行家们不仅仅是硅谷发展关键的资本来源，他们的非凡表现也推动了硅谷高技术企业家的成功。

加州大学教授萨克森宁认为，硅谷完善的风险资本促进了技术知识公开、人才交流自由的环境，使硅谷改变了美国传统的企业运作体系。风险资本家参与企业运行的程度远远超过人们的想象，他们为投资的企业注入技术技能、操作经验、市场判断以及发展资金。硅谷的风险资本家们往往会委托专门的管理团队做公司的决策，参与投资企业的经营计划和发展战略的制作，还可能在公司董事会中任职。风险投资家往往还要运用自己的经验、知识、信息和人际关系网，协助高新技术企业提高市场竞争力等增值服务，甚至可能与所投资企业共同寻找其他的投资机构，而不仅仅是给投资企业提供稳定可靠的资金来源。风险投资家与风险企业家相合作，将硅谷地区的高新技术与金融手段联系起来，将技术市场与股票市场紧密结合，对当地高新技术产业的发展产生了巨大的影响。同时，硅谷的风险资本产业是在原有的技术公司的基础上发展而来，与使用专业的金融公司来管理货币的纽约不同，硅谷的风险投资家们更愿意卖出由自己新构造好的公司。他们全程参与投资企业的发展，以便于在投资过程中出问题时能及时给予帮助。

除了有关于风险投资完善的法律政策、多样化的中介服务机构以及完整的风险资本市场以外，硅谷还存在联系政府与风险投资机构、国内外风险投资家，和外国金融机构相互交流信息，规范运营行为的自律组织。

（四）移民政策

持续的高质量的外来移民一直以来推动着美国的科技进步，促进了美国的经济繁荣发展。二战结束之前，大批从欧洲迁移来的科学家和工程技术人员，在美国的科学技术进步、国防工业发展和社会经济的提高等方面做出了巨大的贡献。目前硅谷移民广泛分布在研究机构、学术研究高校以及风险投资行业等各类技术产业领域，他们专长不同、所处行业相异，在这种非市场机制中互相交流、合作，创办新公司，成为推动硅谷地区的产学合作的重要因素。

1952年，美国国会通过了战后第一个移民法案《移民与国籍法》，该移民法在历史上第一次提出了限额优先的概念，将技术移民在总限额中的比例提高到前所未有的50%，并明确规定是指受过高等教育，拥有美国急需的专业技术和突出才能。这标志着美国技术移民走向制度化。

1965年，美国出台了《移民与国籍法修正案》，废除了民族来源限额，以国籍分配原则取代之，并将技术移民区分为两类，一类为专业技术人员、科学家和艺术家，另一类为美国缺乏的熟练工人和非熟练工人。对两类人群给予不同的优先次序。

1990年，美国颁布新的移民法。新移民法将每年入境移民的最高限额从1965年的29万人提高到70万人，同时技术移民的限额也提高到14万人。技术移民条款更加细化，将技术移民区分为有突出才能的杰出人才，有特殊才能和高学历的专业人士，技术工人和其他劳工三类，对不同类别人群给予不同的优先次序。1990年移民法大幅提高了技术移民的限额，保障了大量美国急需的人才进入美国。

20世纪八九十年代，美国相关产业高技术人才严重短缺，新移民法还专门推出了H1B工作签证制度，允许美国公司雇佣外籍员工在美国从事临时性工作，该签证要求申请者必须拥有学士以及学士以上的学历。

在高新技术产业发展的时代，美国为吸引更多各个行业的高技术人才，根据不同时期产业发展要求和科学研究需要，不断修改移民政策，通过各种福利政策在全世界找寻转移各类高科技人才。

萨克森宁指出移民创建新企业的过程往往会采用"族籍战略"招聘人才、获得资源以及成立信用联盟。硅谷特色的产学研体制使这种非市场机制的创业方式得到强化。硅谷好似有一种魔力，对来自世界各个角落、文化差异极大移民赋予他们惊人的环境适应能力。所有来到硅谷的移民，都能在很短的时间适应好硅谷的生活节奏、社会压力与工作环境。硅谷文化的包容力和开放性，使它接纳了数目庞大的移民群体，极大地促进了该地区的产业发展。

（五）独特的创新文化

独特的硅谷文化和科学人文精神是硅谷模式形成的灵魂。诞生于20世纪50年代末的硅谷，通过短短的几十年时间快速成长为一个高新技术产业中心，在高新技术领域创造了一个生生不息的神话。这些都离不开硅谷激励创新、包容开放的独特创新文化。

硅谷独特的文化内涵包括勇于创新和敢于冒险精神，容忍失败尊重失败的包容精神,支持跳槽鼓励流动的自由精神,敢于做梦执着追梦的创富精神,没有藩篱取长补短的开放精神。在激烈的竞争环境下,企业家们需要进行集体学习,团队协作过程必不可少;他们向对手学习,不断转化科研成果,不惧失败,形成积极促进产业发展的独特的创新文化。硅谷的大门不分性别、肤色、种族和年龄,对所有人打开,这种平等开放思想为硅谷聚集了众多的国际性人才,只要拥有创新精神和创造才能,就能在这里站住脚跟。同时,硅谷精神中的团队协作因素不容忽视,高技术企业与风险投资家合作,产业集群区内各企业之间竞争协作,产业集群与产业集群的交流合作,推动着硅谷的技术进步和产业发展,为硅谷的成长奠定坚固的基石。此外,硅谷人之间的知识共享、团结协作,创造了硅谷科技成果产业化的成功。

20世纪50年代起,硅谷的创新文化与硅谷的发展共同成长。硅谷所拥有的创新型人才、技术、机构、政策和发展模式、创造了硅谷的迅速崛起。硅谷的创新文化推动着硅谷的技术进步和产业发展,为硅谷的成长奠定坚固的基石。

高校和科研机构的支撑、完善的基础设施和专业化服务的协助、庞大的风险投资机制和多种多样的高科技创新人才等是硅谷工业研究园存在的基本要素,但若是没有创新文化作为纽带,硅谷可能无法达到今日的成就。一个地区若想要高新技术产业能够繁荣发展,仅停留在物质资金或科研技术层面是远远不够的,其文化底蕴能帮助产业获得成功且更为持久,精神文化给一个地区发展带来的作用是无法量化的。硅谷附近的高校和研究机构长久以来为硅谷孕育了强大的创新精神,为硅谷的成功创造了独特的科技人文环境。创新是一个企业成功的必然要求,没有创新的企业终将被时代所淘汰,而在硅谷,有着一个如此适宜的创新环境。这里汇集了各种各样能将创新引入市场的专业技能与综合服务,营造的创新的环境让创新变得更加简单。硅谷人崇尚思考、不惧失败,在他们的世界里只有想不到的事没有做不到的事。科技的发展在于创新,创新为新技术的研发和产业的发展注入活力,是硅谷成功的一个必要因素。

二、日本经验(筑波科学城)

作为一个二战的战败国,日本在短短数十年的时间内就从战后的废墟中崛起,成为世界经济、科技强国,是世界上为数不多的从落后国家发展成为创新型国家的成功例子。日本创新驱动发展经验对于需要实现跨越式发展的中国极具参考价值。

（一）项目发展选择上优势集成，加强交流

美国硅谷在几十年间所创造的神话，在世界范围内掀起一场硅谷模仿热。众多的国家和地区争相仿效，发展高新技术产业。但是仅一味地盲目跟从模仿，不顾本国实际情况，盲目地追求高新技术的开发与发展必定无法获得成功。日本政府在这场浪潮中建立了筑波科学城，结合本国优势，选取高能物理、生命科学、材料科学等领域专项集成研究，发展出具有国际竞争优势的高新技术产业。日本对筑波科学城的创建联系了本国优势以及国内外发展环境，采用多学科多行业优势集成，综合性开发新技术，获得出色的成果。

高新技术园区建立初期，大多存在基础设施不完善，地区交通功能网缺乏，生活环境待改善等诸多问题，留不住科技人员，发展进程停滞不前。苏联的新西伯利亚科学城就曾因为这些原因导致不少科技人员相继离开。筑波科技城建设的早期发展也遇到了相同的问题，管理者及时采取一系列相关举措，加大了对城区建设的投资，注重统筹规划，对城区的水电、交通、通讯等基础设施采取统一规划、集中建设，推动了科学城的发展进程。筑波科学城的早期建设就从人口、资源、环境等多方面考虑，从而在快速发展时期人口猛增的情形下巧妙地避免了资源缺乏、交通繁重、环境破坏等困扰建立高新技术园区的问题。

筑波科学城在发展过程中一直注重保持优良的自然生态环境。筑波科学城区建立初期，政府通过颁布相关福利政策设法吸引东京高技术人才和科研机构迁移于此，推动城区高新技术产业的发展。而在城区规模发展较大时，不再盲目引入人口，注意控制人员的涌入，创造了空气清新、环境宜人的筑波。良好的自然生态环境为筑波科学城留住了大量的科研人员，越来越多的人选择居住于此处。科学城内建立了像筑波研究支援中心这样为促进研究机构与科研人员之间交流的机构，促进了筑波科学城区的技术创新。此外，筑波科学城的管理者高度重视城区市政、住房等社会问题，结合城区整体发展的概况综合考虑，为保障科学城的持续健康发展，颁发了《私人部门资源利用法》等相关法规，合理开发利用资源，加强对环境保护问题的管理。

（二）健全的立法保障和大量优惠政策

法律是高新技术园区建设的重要保障和推动条件，受到众多国家的重视。筑波科学城的一个重要特点就是拥有健全的立法保障，法规一类是像《筑波研究学园

都市建设法》这样专门针对高新技术园区制定的法律,其中分章对研究园区的建设计划、周围开发地区整治计划、园区规划建设计划的具体实施等进行具体的讲解说明。这类集中程度高、实施力度大的法规为筑波科学城的建立创造了竞争优势。另一类是分别对研究园区的建设区域和公共设施的利用等规定的实施令及与园区建设相关的社会立法。此外,筑波科学城还以立法的形式实施了多种优惠政策和保护措施,在房地产租赁、设备折旧、税收、信贷、外资引进等多个方面给予优惠,为科学城的发展提供了保障,推动了研究园区的进步。

在技术转移方面,官方主导的技术转移中介机制,专门设立筑波全球技术革新推荐机构(TGI),作为经济、学术、政府合作的核心机构,由政府官员、筑波大学研究机构,以及企业代表共同组成。这个机构主动搜集科学城内的技术成果、产业发展需求信息,通过它的合作网络来实现共享。TGI还把各方认可的研究成果作为转化项目,附加相应的产业化研究资助资金,通过竞争性招标由企业争取,大大提高了企业参与的积极性。

日本政府致力于将其建成为一个结合国家科研机构和高校科研能力的综合性高新技术研究中心,通过制订大量法律法规和各种优惠政策,引导人口与产业的集聚,还迁入多个科研机构,着力打造本国核心教育中心基地。除针对高新技术产业发展的法律及国家科技经济方面的相关规定,政府还对参与筑波脑力立城实施计划的企业给予减免税,并给每个企业划拨一定的经费来吸引企业进驻。

在筑波科学城创建早期,除国家直属科研机构外,还保留规划了三个研究园区供私营机构使用。然而,一开始,私营机构并不积极,原先规划的研究园区都处于闲置状态。直到后来筑波举办国际科学技术展览会时,加强了筑波城区基础设施的建设,尤其是当时为展览会而修建的高速公路,私营机构开始向筑波科学城区迁移。而1987年通过的允许私人企业使用国家园区设施的法律,直接推动了这一趋势的发展。私人机构的进入加强了国家直属科研机构与私人企业之间的人才交流与信息共享。

(三) 政府直接管理体制

在筑波科学城整个创建管理的过程中,政府始终占主导地位。在筹建过程中,由政府直接参与城区选址、人力筹措等。明确筑波科学城的发展方向、城区性能、建设方针和措施等相关的建设法案,以及购买大量的城市建设土地来建设筑波科学城的决策,都由日本内阁直接判定通过。筑波科学城包括2所大学、43个国家研究所和2家私人研究所,私人成分十分有限。在政府的直接管理下,私人机构只能作为研究的辅助力量,发展得到限制,发展进度迟缓。筑波科学园区长期的资金支持来自政府的拨款,扼杀了风险投资的发展空间,因为这里无须依靠追求竞争优势和出卖研究成果获得财富。筑波是完全由日本中央政府资助建立的科学城,甚至为了摆脱地方政府的影响而颁布了专门为筑波科学城建设的发展量身制作的法律,如《筑波研究学园城市建设法》就是一部针对特殊地区法律的代表。一部为特定区域设立的法律却拥有全国性法律的效力级别,足以体现筑波科学城的重要地位。筑波科学城封闭型的人才培养方式极大地打击了当地的竞争力,其由政府直接分配高技术人才,采取了中央政府投资,中央政府管理的模式,政府的计划掩盖了个人的意志。从某种意义上来说,集中在筑波的绝大多数公众科研力量后面体现了国家政府的意愿。

科学城区建设的顺利实施离不开政府的统一协调。这里采用由国家统一规划、全国最具权威的机构部门分工协作的管理体制。筑波科学城建设是在首相办公室中的"科学城推进本部"统一领导下、各部门分工协作进行的。土地开发、公用设施建设、科研和教育机构建设和建造及管理道路、公园和商业服务设施等项目均由国家一级部门负责推进。

(四)日本新知识新技术发源地

筑波科学城是为了缓解东京的城市压力,实现城市发展由单极向多极的战略转移而迁建政府机关研究机构,同时,也是为了发展科学技术与提高高等教育水平而规划建设的。筑波科学城开创了日本近现代新城建设的先河。1958年,日本东京的大都市区发展规划中设想建成一个卫星城,将主城区的所有国家研究和教育机构及其人员由东京迁至此处。这一规划最终使得筑波成为国际知名综合性研究都市。

目前,筑波科学城以生命科学创新和绿色环保科技创新为重点,拥有31家著名的公共教育研究机构,包括日本理化所筑波分院等。在科学城建立的这些年间,也取得如筑波大学教授白川英树首次合成出高性能的膜状聚乙炔、由筑波大学等多所高校与CYBERDYNE公司共同研发的世界首个声控人体外骨骼"混合辅助肢体"(HAL)等重大成果。世界未来的竞争其实是高技术人才的竞争,集知识、技术、创新能力于一体的高科技人才的走向,决定了未来高新技术产业发展竞争水平的优劣。当前所有成功的科技园区的所在地都聚集了相当丰富的人力。一直以来,各个国家之间的人才之争从未间断。美国的企业不断从日本招聘一流科学家,日本则不断开出诱人的薪金来吸引其他国家的高技术人员或收购公司。

筑波科学城在创立早期开始就承担了日本"科技立国"的目标,被赋予国家科技创新的重要使命。这里集聚了大量出色的研究机构、创新实验室以及优质的教育资源,是日本创新技术的研发基地。筑波科学城早期受本身战略定位的影响,创新系统相对封闭。随着后期的不断发展,科学城内的高校、研究机构与国内外科研机构的交流协作日益密切,城内召开国际会议的频率越来越高,吸引了大量的长期和短期停驻的国外研究人员。近些年共成立了100多家非正式研究交流组织,以"筑波研究支援中心""茨城沙龙""筑波大学尖端跨学科领域研究中心"等机构为代表,大大提高了科学城与外界交流合作的频次,更打开了筑波科学城日本式封闭的大门,推动了日本技术开发的进程。

筑波科学城的战略定位即为国家创新系统的建设者。作为日本新知识、新技术的发源地,筑波科学城不仅是国内外信息交流的窗口,还承担着全国信息技术网络连接的重要作用。在日本高新技术产业发展方面,筑波科学城巩固了日本技术研究的根基,为缩短与其他国家的技术差距作出了重大贡献,乃至在某些技术领域上功不可没。筑波科学城是日本高新技术发展的引擎,推动了全国电子学、生物技术、机械化、新材料科学、信息技术、环境科学、能源开发、土木建筑、农业等领域的发展,甚至在某些技术创新领域实现了赶超性的发展速度。

值得一提的是,筑波科学城通过召开国际科技博览会、国有研究机构成果展示会和在每年4月召开的科学技术周等形式,向社会各界展示所获得的科学研究、技术创新的成果,把高新技术发展带来的便利展现给社会。科技成果不应成为悬挂在象牙塔内的宝物,而要及时反馈给社会,为提高人类的生活水平作出贡献,促进社会科研技术的不断进步。

(五)高度重视教育且科学家地位崇高

重视教育是日本的一项优良传统。在明治维新时期,日本就设立了文部省,颁布了教育改革法令,发展近代资产阶级性质的义务教育,将全日本划分为8个大学区,各设1所大学;下设32个中学区,各有1所中学;每个中学区下设210个小学区,每个小学区设1所小学,总计全国有8所公立大学、245所中学、53 760所小学。同时选派留学生到英、美、法、德等先进国家留学。二次世界大战之后,日本实施"教育先行"战略,夯实创新源泉。战后,政府为提高全民族的科技文化知识水平,通过立法等多种渠道参与教育、鼓励教育、保护教育。在 1955 年发布的《经济自立五年计划》、1957 年发布的《新长期经济计划》、1960 年发布的《国民收入倍增计划》等重要国家战略中均提出"振兴科学技术"和"通过教育开发人的能力"。日本于 20 世纪 50 年代普及了九年制义务教育,于 20 世纪 70 年代普及了高中教育。日本高度重视对青年科研人员的培养,针对青年科研人员出台了专门人才政策,如文部省推出的"年轻学者海外特别研究员"、总务省的"青年尖端 IT 究者育成型研究开发"等,对青年科研人才提供专项经费支持。

日本在高度重视教育的同时,也给予学者崇高的地位。1984 年日本政府决定改革日元,在钞票上全部采用学者肖像,以此来鼓舞国民士气,提高科学家的研究热情,激励民众投身到科学事业当中。日本通过这种手段,向世界宣告了其注重教育、崇尚科学的核心价值观。

日本对教育的重视、对学者的尊崇,逐渐收到了回报,自 2001 年日本在其第二期科学技术基本计划(2001—2005 年)明确提出"50 年拿 30 个诺贝尔奖"的目标开始,截止到 2016 年,日本已经有 17 名科学家获得诺贝尔奖,而日本在 2000 年前总共才有 8 人获奖,并且这 17 人所获的都是自然科学奖,成果都是在日本国内做出。目前日本获得自然科学奖的人数,已经超过了德国、英国、法国,成为仅次于美国的第二"诺奖大户"。

(六)创新的人文精神

(1)注重学习国外先进经验

战后日本通过引进国外先进技术,发展本国经济,并通过"引进—消化—吸收—再创新"走出了一条自己独特的创新发展之路。重视对国外先进技术的学习,是日本早期迅速发展的原因,也是日本一个历史悠久的传统。从公元 7 世纪初至九世纪末约两个半世纪里,日本为了学习中国文化,先后向唐朝派出十几次遣唐使团。尽管当时航海技术十分简陋,遣唐使团的成员只能乘坐简易的航船,但是他们为了能够学习唐朝的先进经验,抱着拼命的决心远渡重洋,齐心协力克服重重难关到达中国。遣唐使们在中国全身心地投入到学习中,学成归国的人给日本的政治、文化、经济等方面带来了显著的影响,还促进了中日的贸易往来。进入近代,受到"黑船事件"冲击的日本,决定进行由上而下、具有资本主义性质的全盘西化与现代化改革运动,史称明治维新。在这一阶段,日本学习西方建立了君主立宪的政体,在经济上推行"殖产兴业",学习欧美技术,进行工业化浪潮,并且提倡"文明开化"、社会生活欧洲化,大力发展教育。这次改革日本通过学习西方先进经验成为亚洲第一个走上工业化道路的国家,推动了社会进步,日本也逐渐跻身于世界强国之列。

(2)严谨、认真、坚持的"工匠精神"

日本人严谨认真这一特质对日本的创新发展有两方面的好处。第一,从科学研究上来说,虽然别出心裁和突发奇想的创新往往不是日本人的强项,但是靠着严谨、认真和坚持,日本人取得了耀眼的科学成就。日本人用事实证明,依靠严谨、认真和坚持也能做出世界级的重要工作。日本科研工作者认为发表一个粗糙的最后不能被重复或者是错的东西是一种羞耻。日本科学家普遍坚持着勤恳、一丝不苟和长期专注于一个领域的作风。他们一旦选择一个课题就不会轻易放弃也不会随意更换,而且一般会选择技术上很困难、需要耐心下功夫的题目。从事研究的时候也是非常讲究纪律性,一步一个脚印,严格地按照程序做事情,长期坚持,他们就是因为这样,才实现了很多优秀的工作。第二点好处是造就了日本为数众多的"百年老店"和无法被模仿的技术产品。截至2013年,全球寿命超过200年的企业,日本有3146家,为全球最多。这些企业能够长存的秘诀就在于他们都传承着严谨、认真、坚持的"工匠精神"。正是因为这种精神,使得日本在资源匮乏、技术落后的情况下发展成为"科技强""产品强"的创新型国家。

三、德国经验

(一) 竞争的方式:择优选择发展的地区或产业

德国"工业4.0"作为德国政府提出的《德国2020高技术战略》中的十大未来项目之一,于2013年在汉诺威博览会上正式确立。"工业4.0"项目在以德国工程院、弗劳恩霍夫协会、西门子公司为代表的学术界与产业界的共同倡议下初具雏形,由德国产学研各部门一起商定,最后联合德国机械设备制造联合会、德国电气和电子工业联合会和德国信息技术、通讯、新媒体协会共同制定。目前,德国"工业4.0"战略已上升成为国家政策,获得德国学术界、产业界以及各研究机构的广泛认可。在德国看来,以18世纪末机械制造设备投入使用的"工业1.0"、20世纪初电气化的广泛使用带来的大规模生产方式的"工业2.0"和20世纪70年代开始建立的在信息化技术发展基础上的"工业3.0"为代表,人类已经经历了三次工业革命,而21

世纪这场以智能制造为主导的第四次工业革命将利用信息物理系统,实现由制造业向智能化生产转型,可称为"工业4.0"。

一直以来,德国对创新科技工业产品的研究与开发投入极大,从而使得德国制造业极具竞争力。而近些年来劳动力成本的快速增长,大大地削弱了德国制造业的竞争优势,不利于德国制造业的发展,急需通过技术进步来降低生产成本,提高社会生产力。在这样的情形下,德国社会各界共同制定了"工业4.0"战略,帮助德国提升全球竞争力,主导制造业市场。

德国希望能通过"工业4.0"消除传统的行业界限,建立起一个灵活性极强的智能化生产模式。在这场战略发展过程中,德国设置了全新的衡量标准,并借鉴弗劳恩霍夫创新集群的经验,通过竞争评选的方法来确定政府资金的分配。为扶持产业集群的发展,德国联邦教研部根据《德国高技术战略》于2007年推出尖端集群竞赛项目。该项目每隔一年半举办一次,总共举行了三次,每次评选出最多5个尖端产业集群进行扶持。获胜者可得到来自政府的4 000万欧元的资助,以及来自企业的6亿欧元。这种竞赛极大地激励了集群之间的交流学习,同时也推动集群不断创新发展的意识,促进产学研创新网络的创建。

(二) 构建创新网络,促进集群知识

"工业4.0"战略涉及产学研多个领域,必将推动跨领域、跨行业的合作,构建产学研的创新网络,促进德国产业以集群化发展。向来注重创新能力培养的德国,在生物医药、电子信息、汽车制造等领域创造了领先全球的产业集群,激发了企业的创新潜能,推进德国制造业的总体建设。随着现代化的进程,德国制造业的发展遭遇资源有限、劳动力成本上升和人才短缺的问题,而"工业4.0"构建创新网络,激励企业集群发展,可以为德国提供一种未来工业的发展模式。长期以来,德国将推动科技创新作为重要国策之一,专注于创新产品的研发,有意识地组织创新技术研发的企业集群。创建创新网络是德国科技政策、区域政策和创新政策的核心。企业集群中的每一位参与者能有意识地对所在企业集群的微观环境和各主体间的网络联系关注起来,在集群内的交流合作中提升创新能力,从而进一步提升集群竞争力。

构建信息物理系统是推行德国"工业4.0"战略的基础。信息物理系统是指将多种传感器原件装设在各类制造设备中,通过将互联网与物理设备相结合,实现物理设备的信息采集,从而推进智能化的生产方式,依托高速发展的信息技术,从而

达到对生产过程的实时控制,进而实现工业向智能化环境的转变。

"工业4.0"以信息物理系统为基础,为提高德国制造业的竞争优势,联合"领先的供应商战略"和"领先的市场战略"两方面战略共同推行。二者所针对的实施主体不同,前者主要要求将德国中小企业从"智能生产"的使用者转化为"智能生产"设备的供应者,成为装备制造商,在原有的技术设备的基础上,结合"工业4.0"的理念,为生产设备融入智能化元素,实现"德国制造"质的飞跃。而后者注重整个制造业市场中的各类行业的信息共享,市场细分为更具专业性的集群化产业,以消除传统的行业界限,将产业分工重组后形成的集群进行有效整合,提高德国制造业的国际竞争力,缩小国内外市场的差距。

德国"工业4.0"战略结合原有的强大的设备和出色的技能,全方位整合国内的制造业系统。通过极大限度地发挥德国技术和知识方面的领先地位,对社会各行业进行整体优化,最大限度地发掘当下技术和经济的发展潜能。"工业4.0"战略的实施需满足国内所有创新网络横向协作、发展过程数字一体化和网络化制造系统垂直联系三个方面的要求。

与传统企业发展的集中形式不同,"工业4.0"战略要求高度自动化和分散协同性,社会原有的生产组织形式已不再适用。在新的生产服务模式出现时,需要新的合作形式,从而提高人们的工作效率。新一代产业革命发生时,创新价值的形成过程也将转向新的发展领域。结合制造业发展的特点,德国对当下的技术基础和优势条件综合考虑,利用快速发展的电子信息技术,加快传统制造业生产方式与组织形式的转变,抢占未来全球制造业的制高点。

(三)政府资源和企业资源合理搭配投入

德国"工业4.0"战略实行以政府为主导、研发机构协同合作的产学研一体化发展模式。对联邦政府各级部门进行了有效的整合,促进各地区与联邦政府之间的交流协作,形成联邦各级政府层次推进的发展局面。

在创建的产学研创新网络体系中,联邦政府起主导作用,有目的地推进科研和教育机构、企业、风险投资机构、中介服务机构等成分整合协作,构建区域创新战略体系,提高创新网络的竞争力。在"工业4.0"战略实施初期,联邦政府发挥主导作用,对国内创新网络体系进行统筹规划,推行集群策动计划,扶持国内高新技术产业的发展。此外,负责组织尖端集群评选活动,增加集群间的竞争活力。计划的后期,联邦政府主要执行监督引导的职能,协助集群的发展。通过对集群发展给予资金援助,帮助地方政府发展集群竞争优势,尽管作为集群策动计划的主要实施者,地方政府也不会直接参与集群的创建和发展。为企业的经营和创新活动提供支持和激励。2006年巴伐利亚州政府根据"巴伐利亚创新联盟"的产业集群政策,给予当地高科技产业集群、生产型产业集群、综合技术集群3大集群共19个产业和技术领域为期5年的资金援助,并对接受援助的集群进行评估,根据评估结果对资金分配进行调整。巴州政府的这一做法一方面建立起当地的专业供应商网络,加快了相同产业的企业之间的交流协作,聚集众多高技术人才,提高企业生产效率;另一方面,通过建立产业集群和社会资源网络化,提升了巴州地区的企业认同感,增强了巴州集群的品牌号召力。

创新网络的构建能加强企业、高校和研究机构之间的合作,加快科研成果的产业化生产进程,提高地区产业的创新活力,从而提高产业的国际竞争力,帮助产业长久处于全球领先地位。因而,提高网络集体的创新能力是政府大力帮助集群发展的根本因素之一。慕尼黑的生物医药集群作为出色集群的代表,其包含的多种类的组织成分是这个专业技术领域优势集群的研发核心,是它获得成功的重要因素。

(四)德国良好的教育体制

在"工业4.0"战略的实施过程中,科技发展水平不断提高,对生产过程中劳动者的知识与技能的要求越来越高,而逐渐增加的进行智能制造的自动化设备对专业技术人员的需求与日俱增,人力资源要素在"工业4.0"战略的实施中发挥着重要的作用。

德国认为,教育体系是影响一个国家发展的关键。一直以来,他们十分注重国民的教育。从普鲁士王国时期开始,普及义务教育的要求就在多次强调中深入人心,随后又在长期的不断实践中慢慢形成了独具特色的多层次人才培养体系,特别是开辟性的双元制职业教育,为德国制造业提供了众多熟练掌握专业技能的人员。现在的德国,每年投入大量经费用以推动本国教育事业的发展,到2015年为止,用于教学科研用途的花费占国民收入总值的十分之一。据德联邦统计局最新发布的数据,德国2016年度各级政府公共教育经费支出总计达到1 284亿欧元,比上一统计年度增长约3.5%,人均教育经费支出为1 576欧元(2015年为1 510欧元),其中用于30岁以下居民的人均教育经费达5 300欧元。

高校、研究机构和企业共同构成德国的研发体系,三者之间相互协作又互不干扰。德国的大学主要负责基础教学，也可能进行少部分的科学研发，这些年来，在政府的帮助下，国内几所顶尖大学知名度和综合实力得到部分提高。以马普学会、莱布尼茨学会、亥姆霍兹联合会和弗劳恩霍夫协会为代表的众多科学研究机构，在科学理论的发现和科研成果应用的转化中功不可没。政府资助是其主要资金来源。德国企业处于充满竞争的市场中，逐利性使他们不断追求技术进步，从而提高自身竞争优势。他们每年投入大量资金进行科技研发，研究成果会为他们带来财富，如此良性循环。根据2017年公布的欧盟各行业研发资金50强排行榜来看，德国企业的研发资金多于欧盟的其他任何一个国家，位列榜首。值得一提的是，德国大众汽车以131.35亿欧元的研发投入成为世界研发资金投入第四的企业，此外，其他进入全球排行榜前20位还有德国戴姆勒、宝马、博世、西门子。

"工业4.0"战略的进一步实施增加了对电子信息技术、机械工学等领域的专业人才的需求，智能制造的未来，工业制造业跨学科、数字化和大数据的特点，也对管理人员提出了更高的要求。除了加强社会受教育程度外，应重视对在职员工的专业培训，以便其更好地服务于企业。德国"工业4.0"战略尊重员工选择，利用智能化生产系统降低员工的劳动强度，缩短劳动时间。鼓励员工利用互联网，使用线上工作方式，设立灵活的工作组织，促进员工创新意识与能力的提高。

四、国外创新发展的启示

当前，在推动深圳创新发展，构建粤港澳大湾区，形成国际科技创新中心时，发达国家创新极发展的成功经验无疑具有重要的借鉴意义。

（一）创新的形成发展需要有科学规划和政策支持

科学规划创新产业在国家和区域中的整体布局，规范创新产业和科技企业的发展，解决它们的无序发展问题。出台相关政策制度引导和扶持科技创新，引导资金、人才、技术等创新要素向重要的科学技术领域和创新产业聚集，在更大区域范围内进行资源配置，实现共同增长。鼓励金融服务业、科技服务性中介机构发挥桥梁与咨询作用，在土地、税收、贷款、投资融资以及行业保护制度等方面加强对创新产业和创新活动的支持。通过法律法规、制度政策等多种方式引导和保护科技产业和创新活动的聚集，规范和保护创新企业和创新人才开展活动，对高科技中小型企业给予政策支持和法律保护等，为科技创新和产业发展提供良好的法律环境。

（二）创新的形成发展需要有完善的体制机制

体制机制是创新发展的重要支撑，更是创新极形成和发展的制度保障。西方主要发达国家都在体制机制方面有着鲜明的特色，它们都非常重视对科技创新体制机制的探索，注重对创新产业的创新机制、科技成果转化机制以及产学研协同机制的探索，注重创新人才培养、引进、管理、发展等体制机制的建立和完善。中国要结合自身发展实际，继续深化科技体制改革，着力破除各种阻碍科技创新的体制机制障碍，鼓励和支持大学、研究机构和高科技企业的发展，在科技创新、产学研协同、成果转化、知识产权保护、创新人才培养和引进等方面给予政策支持和制度保障。鼓励大学教师、研究生到公司兼职，促进科研人员以各种形式直接参与技术创新活动。推动大学、科研院所和创新企业建立技术联盟，不断完善科技创新链条和产业链条，多途径激发科研人员的创新创业活力。

（三）创新极的形成发展需要聚集大量创新人才

人才是第一资源，创新极的形成和发展离不开人才。西方国家创新极的成功无不是在聚集大量创新人才的基础上实现的。它们通过多种途径培养和聚集人才，高技术从业人员的密度较高。例如，硅谷每1 000个在私营企业工作的人里有285.9人从事高科技业，而作为中国创新重镇的珠三角地区的高新区从业人员每1 000个人里仅有202.7人从事高科技业。一个饱含活力的创新系统与该地区的教育发展是离不开的。我国应加快面向世界、面向现代化、面向未来的教育事业的发展，努力推动应试教育向素质教育和创新教育的转型。一个良好的创新环境离不开人的决定作用。一个社会想要大力弘扬创新意识，宣扬创新理念，筑造创新文化，应从小培养社会中人的创新意识和创新能力，发掘学生的创新潜能，形成鼓励创新、追求创新的社会风气。我国可以借鉴西方国家创新极的经验，加强大学和科研院所在创新人才培养中的重要作用，培养造就一大批具有国际水平的战略科技人才、科技领军人才、青年科技人才和高水平创新团队。鼓励大学、研究机构、企业自主探索人才培养、人才引进和人才发展的新机制，吸引和优化配置创新人才资源，促进科技人才的合理流动，释放科技人员的创新潜能。未来世界的竞争主要是人才的竞争，除培养自己的创新型人才外，我们还应采取各种有效措施，吸引海外的高技术人才，增强我国的国际竞争力。要积极创造条件引入创新人才"外援"，扩大招收国外留学生人才并放宽就业政策，鼓励大学、研究机构和企业高薪引进国外优秀人才,利用"猎头公司"在全世界吸纳人才,不断促进创新人才的聚集。

(四)创新的形成发展需要有良好的创新环境

"环境好,则人才聚、事业兴;环境不好,则人才散、事业衰",习近平总书记指出了环境在创新中的关键作用。创新环境是创新极形成发展的土壤,良好的创新环境有利于创新人才的聚集和创新活动的开展。西方国家创新极发展充分证明,营造良好的创新环境和创新氛围,就会吸引创新人才、创新企业、创新产业以及其他创新要素的聚集,就会推动科技创新的快速发展。中国要推进创新极的形成发展,就要积极营造鼓励创新、开放包容、多元协调的创新环境,建立健全中介机构和公共服务机构,着力构建有利于科技创新和人才聚集的法律、政策、文化、社会环境,为创新人才和创新产业营造浓厚创新文化氛围,吸引创新人才和创新产业的聚集,从而推动科技创新的顺利发展。

第三章 深圳创新发展水平

1979年以前,深圳还是一个小渔村,是广东省最贫困最落后的地区。1979年,深圳国内生产总值仅有1.97亿元,人均国内生产总值也仅有606元。当时,深圳只有三种"财富":苍蝇、蚊子和牡蛎。改革开放前,深圳的真实情况是年轻人都外出打工,村里只剩下老人和小孩。那个时候,深圳没有自己的报纸、广播和电视,没有一所高等教育学府,仅有的文化设施是新华书店和一个建于20世纪50年代的剧院。改革开放前,深圳的农村居民十分贫困,甚至不足以维持生计。

1978年4月,国家计委和外贸部组织人员实地考察港澳两地,继而提出将靠近港澳的宝安、珠海划为出口基地的设想,争取用三至五年,把两地构建为具有一定水平的对外生产基地和加工基地,吸引香港和澳门的企业。1979年1月31日,中央政府批准在深圳设立蛇口工业区。1979年3月5日,国务院批准广东省宝安县在广东省和惠阳市的双重领导下改设成深圳市。1979年4月,习仲勋代表广东省党委向中央政府提出设想,在毗邻港澳的珠海、深圳、汕头建立贸易合作区。邓小平同意了广东提出的设想,并说道:"中央没有钱,你们自己搞,要杀出一条血路来。"1979年7月15日,中央政府批准广东省委和福建省委发布的关于对外经济活动和灵活措施的报告,并且决定在深圳、珠海、汕头、厦门四个城市试行设立出口特区。1979年11月,中共广东省委决定将深圳市改造成一个省级城市,并且将深圳划分为六个管理区域:南投、葵涌、龙岗、罗湖、龙华、松岗。1980年3月,中央政府发布了《关于广东、福建两省会议纪要》的批示,将"特区"改名"经济特区"。1980年8月26日,全国人民代表大会常务委员会表决并通过了《广东省经济特区条例》,批准在深圳、珠海、汕头和厦门设立经济特区,这是深圳经济特区正式成立的标志。

创新之都——深圳

在过去的40年里,深圳从一个默默无闻的渔村变成了一个拥有2 000万人口的现代化国际大都市。"深圳速度"震撼了全世界!

一、GDP

1979年,深圳GDP仅1.96亿元,1992年为3.173 2亿元,排名全国第六。1996年达到1 000亿元。1997年及1999年,深圳在内地城市中GDP分别名列第五及第四。2005年突破5 000亿元,2010年突破万亿元大关,是内地第四个突破万亿元大关的城市。2016年,深圳的GDP比2010年翻了一番,成为内地第三个GDP超过2万亿元的城市。2017年,深圳实现GDP为22 438.39亿元,保持第三大城市的地位表(3.1)。

在人均GDP方面,深圳同样表现不俗。1979年,深圳人均GDP仅606元,1981年突破千元,10年后的1991年便突破万元,1992年这一数字上升到12 827元。1980—1992年,增长15.4倍,年均增长率为15.5%。2004年和2010年分别突破5万元和10万元,2012年达到12.68万元。1993—2012年,增长8.4倍,年均增长率为11.6%。党的十八大以来,深圳的人均GDP有了平稳较快的发展。在2017年达到18.31亿元,超过中等收入国家的平均水平。

表3.1 1979—2017年深圳市GDP数据

年份	GDP(万元)	第一产业(万元)	第二产业(万元)	第三产业(万元)	人均GDP(元/人)
1979	19 638	7 273	4 017	8 348	606
1980	27 012	7 803	7 036	12 173	835
1981	49 576	13 343	16 019	20 214	1 417
1982	82 573	18 960	31 439	32 174	2 023
1983	131 212	22 614	55 848	52 750	2 512
1984	234 161	25 932	106 606	101 623	3 504
1985	390 222	26 111	163 586	200 525	4 809
1986	416 451	32 907	163 185	220 359	4 584
1987	559 015	46 519	220 463	292 033	5 349
1988	869 807	57 005	359 230	453 572	6 477

续表 3.1

年份	GDP(万元)	第一产业（万元）	第二产业（万元）	第三产业（万元）	人均GDP（元/人）
1989	1 156 565	68 615	505 361	582 589	6 710
1990	1 716 665	70 220	769 319	877 126	8 724
1991	2 366 630	80 836	1 126 084	1 159 710	11 997
1992	3 173 194	105 914	1 522 432	1 544 848	12 827
1993	4 531 445	108 615	2 420 214	2 002 616	15 005
1994	6 346 711	134 152	3 357 972	2 854 587	16 954
1995	8 427 933	124 122	4 223 744	4 080 067	19 558
1996	10 505 121	148 796	5 081 045	5 275 280	22 542
1997	13 023 008	147 660	6 209 018	6 666 330	25 772
1998	15 449 472	151 764	7 508 019	7 789 689	27 885
1999	18 246 876	150 445	9 154 443	8 941 988	30 088
2000	22 192 015	155 656	11 087 644	10 948 715	33 276
2001	25 229 474	160 413	12 583 983	12 485 078	35 390
2002	30 172 384	166 587	14 980 113	15 025 684	41 018
2003	36 401 435	142 048	18 562 162	17 697 225	47 743
2004	43 502 928	123 264	22 643 124	20 736 540	55 099
2005	50 357 678	97 385	27 096 861	23 163 432	61 844
2006	59 206 612	68 851	31 449 697	27 688 064	69 702
2007	69 252 268	77 374	35 135 153	34 039 741	77 660
2008	79 414 328	83 804	39 799 045	39 531 479	85 088
2009	84 858 247	69 599	40 095 728	44 692 920	87 066
2010	100 022 183	68 391	47 379 750	52 574 042	98 437
2011	118 072 348	69 491	56 128 559	61 874 298	113 316
2012	133 196 818	68 164	60 559 131	72 569 523	126 765
2013	149 794 486	63 504	66 579 909	83 151 073	141 474
2014	164 494 770	57 579	72 242 462	92 194 729	153 677
2015	180 140 720	72 084	76 780 987	103 287 649	162 599

续表 3.1

年份	GDP(万元)	第一产业(万元)	第二产业(万元)	第三产业(万元)	人均GDP(元/人)
2016	200 797 043	82 840	83 106 513	117 607 690	172 453
2017	224 900 586	195 721	93 180 979	131 523 886	183 544

数据来源：根据《深圳统计年鉴》整理。

深圳的经济发展经历了三个重要的历史阶段。

第一阶段是1979—1992年，深圳经济特区成立。这一阶段主要是进行经济结构调整、基础设施建设和发展外向型经济。深圳经济特区的建立，极大程度上解放了生产力，经济出现了高速增长的局面。1980—1992年，深圳GDP年均增长37.4%，远高于全国9.5%和全省14.1%的平均水平。

第二阶段是1993—2012年，深圳的支柱产业和社会主义市场经济体制快速发展。在这个阶段中，自从邓小平的"南方谈话"后，深圳社会主义市场经济体制逐步建立，产业结构不断调整和优化，特别是在高新技术方面不断进行突破。2000年以来，重点建立和发展高新技术、金融、文化、物流四大支柱产业。深圳的高新技术产业发展迅猛，金融业也位居全国第三，以供应链、物流和电子商务为代表的现代物流业蓬勃发展，文化产业成为一支新兴力量。2008年国际金融危机后，深圳开始规划战略性新兴产业布局，依次出台了一系列产业振兴发展政策，如生物、互联网、新能源、新材料、文化创意、新一代信息技术等，实现了经济跨越式发展。1993—2012年，深圳经济平稳较快发展，年均国内生产总值增长16.8%，高于全国10.2%和全省13.0%的平均水平。

第三个阶段是党的十八大以来，是深圳创新、高质量发展的阶段。深圳瞄准的方向依旧是创新驱动，转型升级，质量引领，绿色、低碳发展等。深圳市全面促进有质量的稳定增长和具有可持续性的发展，加快建设成为一个现代化、国际化和创新的城市，一个国际科学中心，一个技术和产业创新、领导社会主义现代化建设的加速区。这一时期，先进制造业和现代服务业齐头并进，经济发展的新动力变成了战略性新兴产业。2013—2019年，深圳GDP年均增长9.2%，高于同期全国7.1%和全省7.9%的平均水平（图3.1）。

第三章 深圳创新发展水平

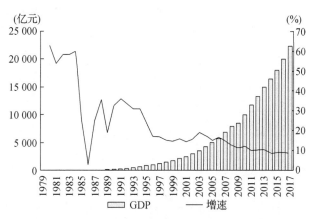

图 3.1　1979 年至 2017 年深圳市 GDP 净值与增速

数据来源：根据《深圳统计年鉴》整理。

二、财政收入

2015 年，深圳公共财政收入达到 7 240 亿元，同比增长 30.2%。中央财政收入达到 4 512 亿元，同比增长 29.7%。深圳地方收入 2 728 亿元，增长 31%。与此同时，地方财政支出 3 587 亿元，增长 65.6%，保障了经济的持续平稳增长，同时也促进了经济转型以及民生改善。

2016 年，深圳公共财政收入 7 901 亿元，同比增长 9.1%。中央财政收入 4 765 亿元，增长 5.6%。深圳的地方收入达到 3 136 亿元，增长 15%。深圳财政收入增速连续三年位居全国前列。全市财政收入超过 3 000 亿元，财税优惠居全国首位。

2017 年，深圳市辖区一般公共预算收入达到 8 624 亿元，首次突破 8 600 亿元。中央财政收入 5 292.4 亿元，增长 11.1%。地方财政收入 3 331.6 亿元，增长 10.1%。

2018 年，深圳市一般公共预算收入超过 9 100 亿元，达到 9 102 亿元，增长 5.5%，其中地方财政收入超过 3 500 亿元，达到 3 538 亿元，增长 6.2%。平均每平方公里收入 4.6 亿元，居全国大中城市之首。按照 2018 年的增长速度，深圳预计在未来两到三年内实现财政收入超过 1 万亿元。

可以看出，近 4 年来，深圳市财政收入不断提高，并陆续突破 7 000 亿元、8 000 亿元、9 000 亿元，深圳经济的质量效益日益显现（表 3.2）。

表 3.2　1979—2017 年深圳市一般公共预算收支及指数

年份	收入（万元）	指数 以1979年为100	指数 以上年为100	支出（万元）	指数 以1979年为100	指数 以上年为100
1979	1 721	100	—	2 971	100	—
1980	3 043	176.8	176.8	4 003	134.7	134.7
1981	8 787	510.6	288.8	8 411	283.1	210.1
1982	9 163	532.4	104.3	8 815	296.7	104.8
1983	15 605	906.7	170.3	15 025	505.7	170.4
1984	29 435	1 710.3	188.6	27 954	940.9	186
1985	62 894	3 654.5	213.7	58 651	1 974.1	209.8
1986	74 160	4 309.1	117.9	68 073	2 291.2	116.1
1987	87 521	5 085.5	118	69 688	2 345.6	102.4
1988	146 521	8 513.7	167.4	110 992	3 735.8	159.3
1989	228 668	13 286.9	156.1	173 007	5 823.2	155.9
1990	217 037	12 611.1	94.9	198 073	6 666.9	114.5
1991	273 291	15 879.8	125.9	243 012	8 179.5	122.7
1992	429 599	24 962.2	157.2	420 035	14 137.8	172.8
1993	672 507	39 076.5	156.5	593 327	19 970.6	141.3
1994	743 992	43 230.2	110.6	746 181	25 115.5	125.8
1995	880 174	51 143.2	118.3	934 041	31 438.6	125.2
1996	1 317 490	76 553.7	149.7	1 380 376	46 461.7	147.8
1997	1 420 557	82 542.5	107.8	1 394 181	46 926.3	101
1998	1 643 884	95 519.1	115.7	1 767 714	59 499.0	126.8
1999	1 842 085	107 035.7	112.1	2 108 978	70 985.5	119.3
2000	2 219 184	128 947.3	120.5	2 250 441	75 746.9	106.7
2001	2 624 944	152 524.3	118.3	2 537 019	85 392.8	112.7
2002	2 659 287	154 519.9	101.3	3 077 761	103 593.4	121.3
2003	2 908 370	168 993.0	109.4	3 489 526	117 452.9	113.4
2004	3 214 680	186 791.4	110.5	3 775 720	127 085.8	108.2

第三章　深圳创新发展水平

续表 3.2

年份	收入（万元）	指数 以1979年为100	指数 以上年为100	支出（万元）	指数 以1979年为100	指数 以上年为100
2005	4 123 787	239 615.7	128.3	5 991 560	201 668.1	158.7
2006	5 008 827	291 041.7	121.5	5 714 231	192 333.6	95.4
2007	6 580 555	382 368.1	131.4	7 279 677	245 024.5	127.4
2008	8 003 603	465 055.4	121.5	8 898 555	299 513.8	122.2
2009	8 808 168	511 805.2	110.1	10 008 394	336 869.5	112.5
2010	11 068 166	643 124.1	125.7	12 660 668	426 141.6	126.5
2011	13 395 728	778 368.9	121	15 905 599	535 361.8	125.6
2012	14 820 800	861 173.4	110.6	15 690 071	528 107.4	98.6
2013	17 312 618	1 005 963.0	116.8	16 908 280	569 110.7	107.8
2014	20 827 326	1 210 187.4	120.3	21 661 841	729 109.4	128.1
2015	27 268 543	1 584 459.2	130.9	35 216 708	1 185 348.6	162.5
2016	31 364 923	1 822 482.5	115	42 110 429	1 417 382.3	119.6
2017	33 321 303	2 006 553.2	110.1	45 938 003	1 546 213.5	109.1

数据来源：根据《深圳统计年鉴》整理。

由表 3.2 可知，深圳市 2017 年财政支出是 1979 年的 1.55 万倍，财政收入更是达到 1.94 万倍。深圳市用短短一代人的时间就创造了如此巨大的发展成就，着实令人惊叹。

三、居民生活

深圳 40 年来，人民生活有了很大改善。改革开放前，深圳农村的人们不得不游到香港等地谋生。而目前，深圳人的生活普遍富裕，很多人移民到深圳。

1. 就业规模平稳扩大，就业结构发生巨大变化。特区成立以来，深圳市不断完善就业政策，大力促进就业，就业形势保持总体稳定，总就业人数保持稳定增长。1979 年，有 139 500 人就业；1990 年，这一数字超过 100 万；1992 年，有 1 759 700 人；2012 年，这一数字为 7 712 万人；在 2017 年，这一数字为 9 432 900 人。截至 2017 年底，第一、第二、第三产业从业人员分别为 1.75 万人、4.19 万人以及 5.223

万人。自2012年以来,第二产业就业比重持续不断地下降,与此同时第三产业就业比重稳步上升,就业人员结构进一步优化。

2. 居民收入显著增加,收入分配继续扩大。深圳居民人均可支配收入从1985年的1 915元增加到2017年的52 938元,32年来增长27.6倍,年均增长10.9%。从1985年到1987年,增长率为9.2%,年均增长率为4.5%。1988—1997年是一个高速增长的时间段,增长了7.9倍,年均增长率为24.4%。1998—2004年,增长率为48.5%,年均增长率为5.8%。2005—2013年是又一个快速增长的时期,增长率为110%,年均增长率为9.6%。2014—2017年为平稳增长期,增长率为29.3%,年均增长率为8.9%。

3. 消费水平大大提高,消费结构不断优化。深圳居民人均消费支出从1985年的1 790元增加到2017年的38 320元,32年来增长20.4倍,年均增长10.0%。消费收入比从1985年的93.5%下降到2017年的72.4%。居民家庭恩格尔系数由1985年的47.5%下降到2017年的30.0%。外出就餐的食品消费比例从1985年的0.1%已经上升到2017年的28.9%。随着居民收入水平的大幅度提高,深圳居民家庭越来越关注目前的生活质量以及未来消费支出的发展潜力,"发展性"消费支出(教育、文化、娱乐、医疗等)占消费支出的比重从1985年的13.9%上升到2017年的25.5%。

4. 社会保障水平逐步提高。到2017年底,共有1 133.53万人参加城镇职工基本养老保险,245.1万人参加城镇居民基本医疗保险,1 151.01万人参加城镇职工基本医疗保险,0.79万人参加城乡居民基本养老保险,1 160.57万人参加生育保险,1 089.49万人参加失业保险,11 006.8万人参加工伤保险,其中异地劳务工工伤保险参保人数926.83万人。处于生活保障线以下的居民5 126人,全年共发放最低生活保障基金4 464.42万元(表3.3)。

表3.3 居民家庭生活基本情况

年份	每户家庭人口(人)	每户就业人口(人)	每一就业者负担人口(人)	人均月可支配收入(元)	人均月消费性支出(元)
1988	3.9	2.17	1.8	214.1	195.45
1989	3.92	2.16	1.82	304.71	256.59
1990	3.81	2.16	1.76	343.95	305.92
1991	3.78	2.21	1.71	380.31	347.98

续表 3.3

年份	每户家庭人口(人)	每户就业人口(人)	每一就业者负担人口(人)	人均月可支配收入(元)	人均月消费性支出(元)
1992	3.73	2.23	1.67	481.94	419.54
1993	3.59	2.14	1.68	644.72	515.97
1994	3.6	2.1	1.72	875.27	789.43
1995	3.61	2.06	1.75	1 064.22	919.86
1996	3.5	2.06	1.7	1 357.97	1 087.00
1997	3.46	2.03	1.7	1 548.23	1 217.53
1998	3.48	1.96	1.78	1 601.16	1 230.35
1999	3.41	1.89	1.8	1 626.70	1 169.48
2000	3.42	1.86	1.84	1 742.14	1 358.89
2001	3.43	1.82	1.88	1 896.66	1 418.73
2002	3.32	1.86	1.79	2 078.39	1 577.16
2003	3.38	1.8	1.88	2 161.32	1 663.36
2004	3.34	1.68	1.99	2 299.70	1 630.80
2005	3.35	1.73	1.94	1 791.20	1 325.99
2006	3.33	1.8	1.85	1 880.59	1 385.68
2007	3.29	1.83	1.8	2 025.12	1 539.54
2008	3.25	1.59	2.04	2 227.44	1 648.26
2009	3.24	1.66	1.95	2 437.04	1 793.84
2010	3.22	1.68	1.92	2 698.41	1 900.55
2011	3.15	1.67	1.89	3 042.09	2 006.67
2012	3.21	1.7	1.89	3 395.16	2 227.31
2013	3.19	1.68	1.9	3 721.09	2 401.04
2014	2.2	1.4	1.57	3 412.33	2 404.40
2015	2.24	1.39	1.61	3 719.44	2 696.60
2016	2.26	1.4	1.61	4 057.92	3 040.05
2017	2.31	1.43	1.62	4 411.50	3 193.34

数据来源:根据《深圳统计年鉴》整理。

四、创新能力

深圳市研发支出占 GDP 的比重居世界前列。2013—2017 年,深圳的研发支出分别为 584.61 亿元、640.7 亿元、732.39 亿元、842.97 亿元和 976.94 亿元。环比增长率分别为 19.7%、9.6%、14.3%、15.1% 和 15.9%,年平均增长率为14.9%。

专利申请和授权数量位居全国前列。2017 年,深圳市专利申请量为17.71 万件,专利申请量为 9.43 万件,比 2012 年增长 1.4 倍。专利申请量 6.03 万件,授予专利 1.89 万件,分别增长 93.9% 和 44.3%。每万人拥有近 90 项专利,是全国平均水平的 9.2 倍。5 年以上有效发明专利占比达到 86.3%,居全国大中城市首位。深圳共获得 5 项中国专利金奖,占全国的 20%。

PCT 国际专利申请量居世界首位。2017 年,深圳 PCT 国际专利申请的数量突破 20 000 件,达到 20 457 件(表 3.14),为 2012 年的 2.5 倍,占全国总数的 43.1%(不包括外国企业和个人在中国的申请),在中国的大中城市中连续 14 年排名第一,其中华为和中兴的 PCT 申请量在全球排名前两名。

国家高新技术企业和创新载体出现。截至 2017 年底,深圳市国家级高新技术企业达到 11 230 家,是 2012 年的 3.9 倍。全市现有创新载体 1 688 个,比 2012 年增加 928 个,是 2012 年的 2.2 倍,年均增长 17.3%。其中,国家级创新载体 103 家,省级创新载体 253 家。作为深圳研发机构规模偏大的大型工业企业,截至 2017 年底,拥有研发机构 4 296 家,比 2012 年增加 3 688 家,是 2012 年的 7.1 倍,年均增长率47.9%。

高新技术产业实现跨越式发展。深圳高新技术产业产值从 1979 年的 0 增长到 2010 年的 1 万亿元,共用了 32 年。从 2010 年的 1 万亿元到 2017 年的 2 万亿元,仅仅只花了 7 年时间,年均增长 10.6%,增加值从 2012 年的 4 135.24 亿元增加到 2017 年的 7 359.69 亿元,年均增长12.2%,占国内生产总值的 32.8%。

创新是深圳的特色。习近平总书记指出,深圳高新技术产业发展近年来已成为中国的一面旗帜,要充分发挥其示范和带动作用。目前,深圳汇聚了来自世界各地的人才,研发投入力度居世界前列,创新载体和研发机构实现了跨越式发展,技术创新格局日新月异,被誉为"中国的硅谷"。

表 3.4　1991—2017 年深圳专利申请授权概况

年份	申请总量（件）	发明专利（件）	授权总量（件）	发明专利（件）	PCT 国际专利申请量（件）
1991	261	49	160	1	—
1992	507	73	174	5	—
1993	696	82	427	10	—
1994	1 009	160	414	9	—
1995	1 104	124	721	7	—
1996	1 405	116	923	18	—
1997	1 440	165	1260	13	—
1998	2 093	233	1 364	16	—
1999	3 314	490	2 116	31	—
2000	4 431	669	2 401	1	—
2001	6 033	1 033	3 506	7	—
2002	7 917	1 846	4 486	91	—
2003	12 361	3 526	4 937	276	—
2004	14 918	4 751	7 737	864	331
2005	20 940	8 327	8 983	917	789
2006	29 728	14 576	11 494	1 361	1 661
2007	35 808	19 198	15 552	2 257	2 170
2008	36 249	18 757	18 805	5 409	2 709
2009	42 279	20 520	25 894	8 132	3 800
2010	49 430	23 956	34 951	9 615	5 584
2011	63 522	28 823	39 363	11 826	7 933
2012	73 130	31 075	48 662	13 068	8 024
2013	80 657	32 208	49 756	10 987	10 049
2014	82 254	31 077	53 687	12 040	11 639
2015	105 481	40 028	72 120	16 957	13 308

续表 3.4

年份	申请总量（件）	发明专利（件）	授权总量（件）	发明专利（件）	PCT 国际专利申请量（件）
2016	145 294	56 336	75 043	17 666	19 648
2017	177 103	60 258	94 250	18 926	20 457

数据来源：根据《深圳统计年鉴》整理。

五、小结

深圳经济特区是中国最早、最好、影响力最大的经济特区。在世界工业化、城市化和现代化历史上，深圳创造了罕见的奇迹。"深圳质量"和"深圳速度"已成为中国改革开放和现代化建设的两张美丽名片。深圳作为中国的经济中心之一，长期稳居全国大中城市经济规模第四的位置，也是经济效益最好的城市之一。在英国《经济学人》2012 年全球最具经济竞争力城市排行榜上，深圳的排名为第二。作为改革开放的第一个经济特区，在过去的 40 年里，深圳发生了巨大的变化。深圳以其非凡的创新和卓越的成就向世界展示了中国改革开放的成果。特区成立以来，深圳经济社会蓬勃发展，经济总量不断提高，综合实力和城市竞争力实现了由弱到强的转变。深圳，从一个小小的渔村发展成为一个现代化、国际化、创新型的大城市，创造了世界城市发展史上的奇迹。

2019 年 1 月，深圳入选"2018 WFBA 世界特色魅力城市 200 强"。同月，深圳被列入"2018 年 WFBA 中国投资潜力最大 50 个城市"名单。40 年来，我们见证了深圳经济特区取得的巨大成就。

站在深圳看深圳，这是巨大的变化。40 年前，深圳只是南海边一个贫穷落后的小渔村，当时的居民生计都成问题。今天，这个城市有 2 000 多万人口，6 000 多公里的公路，近 1 000 座 100 米以上的摩天大楼。深圳已经成为北京、上海和广州这样的"一线城市"。

从全国各地看深圳，这是快速崛起的典范。在经济特区建立之前，深圳的农民每天只能挣不足 1 元，人均 GDP 只有 606 元。今天，深圳人均国内生产总值已超过 18 万元，居全国大中城市之首，是全国平均水平的 3 倍多。进出口总额 2.8 万亿元，约占全国进出口总额的 1/10。出口连续 25 年居内地城市首位。深圳名片上骄傲地印着"国民经济中心城市""科技创新中心""区域金融中心""商贸物流中心"

等重要称号。

站在世界看深圳,这是难以置信的传奇。40年来,深圳经济以23%的高速增长,创造了世界罕见的"深圳速度"。"中国改革开放的'样板间'""学习深圳经济特区的经验"……越来越多的国家把眼光投向中国深圳,寻找改革开放的宝贵经验。

今天,深圳拥有世界第三大集装箱港口、亚洲最大陆港和中国五大机场之一,拥有华为、平安、腾讯、万科、正伟、恒大和招商银行等7家《财富》世界500强企业,已经吸引200多家世界500强企业前来投资。

深圳的成功,生动地体现了中华民族从贫穷到富强的伟大跨越。深圳的成功,就是中国特色社会主义的成功。

第四章 深圳金融发展实践

一、国内外金融中心建设理论综述

关于金融中心的内涵,自20世纪70年代以来,有很多学者提出了各自的想法和观点。一种观点认为,金融中心的本质是金融机构的集聚。另一种观点认为,金融中心除了银行与其他金融机构高度集中外,各类金融市场能自由生存和发展,金融活动与交易较任何其他地方更能有效地进行。还有人认为,金融中心就是匹配资金供给与资金需求、规模化中介金融流量的城市。国内的研究者提出"钱才集聚论",认为金融中心是各种金融资源相对集聚的地方,从本质上可以将其归结为金融资本和金融人才两个方面。

金融中心的产生与发展是一个自然而漫长的过程,其形成对一个国家或地区的发展具有深远的影响。一个城市或地区发展成为金融中心,需要具备一定的条件或因素,比如,方便的交通与发达的基础设施;发达的经济发展水平;完善的金融市场结构;金融机构大量的聚集;宽松而严格的法律体系;稳定的政治形势。也有人认为,金融中心一定要满足"高盈利、低成本和高安全性"的商业环境和"高收入、高生活质量"的人才环境。无论如何,金融中心对城市的发展意义深远:为地区经济发展提供融资便利,促进地区金融及相关产业的发展;支持企业发展,加大劳动就业,提高政府税收,最终提升居民福利;通过金融的反哺效应、辐射效应和创新效应,促进当地产业结构的调整和增长方式的转变,加固和提升中心城市的地位。

从金融中心的形成来看,国内外学者将其划分为自然形成模式和政府引导形成模式。自然形成模式是指随着经济的发展,经济总量、国际贸易、区际贸易及投资也不断扩大,实体经济对金融的需求必然增加,从而产生新的金融中心。政府引导形成模式是指在实体经济和金融市场的规模都相对弱小并且经济发展规律不发生作用的情况下,政府通过制定政策和使用政策工具刺激金融市场的发展,从而提高社会资源的配置效率,增加储蓄,刺激投资,推动经济发展。

金融中心的分类、评价和比较研究是金融中心理论研究的一个重要组成部分,是对金融中心定义、功能、形成原因、影响因素等研究的进一步深入和延伸,便于对金融中心建立更加清晰明确的定义,对金融中心的发展程度和功能发挥进行量化分析,判断金融中心所处地位及发展潜力,发现影响金融中心发展的主导因素等等。目前国际上较为权威的金融中心评价研究是英国智库发布的全球金融中心指数(GFCI)。国内具有代表性的研究是综合开发研究院自2009年起发布的"CDI中国金融中心指数(CDICFCI)"。

二、深圳关于未来金融发展的规划

央行等多部委印发的"十三五"(2016—2020年)现代金融体系规划,要求积极稳妥防范处置近中期金融风险,包括推动同业业务回归流动性调节本位,清理整顿影子银行,对线上线下各种类型业务实施穿透式、全覆盖监管等。规划目标包括显著提高直接融资特别是股权融资比重;到2020年末债券市场余额占GDP(国内生产总值)比重提高到100%左右;进一步推动人民币走向国际化。规划强调,将优化货币政策目标体系,进一步突出价格稳定目标,增强货币政策透明度和可预期性;完善货币政策操作目标,逐步增强以利率为核心的价格型目标的作用。同时,积极稳妥去杠杆,逐步将金融市场加杠杆行为、金融机构流动性风险纳入宏观审慎政策框架,并建立非银机构的系统重要性概念和评估标准。

2018年,面对严峻复杂的经济形势,在市委、市政府的正确引导下,我办坚持法治政府建设与产业发展工作相结合,努力确保金融业继续保持良好运行态势,产业规模继续扩大,效益稳步提升,组织体系加快健全,金融市场秩序整体平稳。

初步核算,2018年前三季度深圳金融业实现增加值为2 289.68亿元,同比增长3.9%,占同期全市GDP的比重为13.1%,规模仅次于北京、上海,居国内大中城市第三;前三季度深圳金融业实现国地税合计税收(不含海关代征和证券交易印花税)1 178.9亿元,同比增长30.6%,占全市总税收的24.1%,居各行业首位。全市分行级以上持牌金融机构约450家,其中法人机构191家,新引进人民银行金融科技研究院、百行征信等重大战略项目,现代金融组织体系更加全面。在2018年9月英国智库发布的新一期"全球金融中心指数"排名中,深圳由上期的第18位上升到第12位,在国内城市中仅次于香港(第3位)、上海(第5位)和北京(第8位)。从全局来看,深圳金融业以占不足全市1%的人口,创造了占全市大约1/7的GDP和近1/4的税收,充分体现了质量型增长特征(表4.1)。

表4.1 2018年三季度深圳与全国主要城市部分金融发展指标对比

部分金融发展指标	北京	上海	深圳	广州	天津
金融业增加值(亿元)	3 807.3	4 122.08	2 289.68	1 492.57	1 432.19
金融业增加值增长率	7.3%	5.3%	3.9%	5.3%	4.9%
金融业增加值/GDP	17.7%	17.42%	13.1%	8.9%	9.77%
各项存款余额(万亿元)	16	11.79	7.23	5.17	3.03
各项存款余额增长率	11.5%	6.6%	8.1%	6.1%	−4.58%
各项贷款余额(万亿元)	7.0	7.31	5.21	3.90	3.34
各项贷款余额增长率	13.5%	10.5%	15.7%	17.3%	6.74%
保费收入(亿元)	1 409.38	942.50	905.94	903.45	402.76
保费收入增长率	−13.5%	−24.0%	10.64%	−2.6%	−5.6%

数据来源:根据中国人民银行官方网站数据整理。

三、深圳金融中心建设的现状及意义

(一)深圳金融中心概况

从改革开放初期到现阶段,深圳金融中心的形成和发展,都离不开国家对特区金融建设的政策支持。同时,深圳也在中央和地方政府及金融主管部门的主导下,进行了诸多方面的改革,包括启动了国家专业银行向商业银行转化的改革,引进外资金融机构的试验,建立多元化金融组织体系的探索,金融业务模式的创新,建设多层次的资本市场等等,取得了多个领域的成功,为全国范围内金融业改革创新提供了经验,充分发挥了金融改革开放试验田的作用,为国家的现代化建设作出了贡献。目前,深圳大力推动金融聚集区建设,逐步形成了罗湖、福田、南山三大金融聚集区,在龙岗启动建设金融产业服务基地,使深圳的金融产业功能布局更加完整。

第一,金融业发展规模不断壮大。

2018年前三季度,深圳金融业实现增加值2 289.68亿元,仅次于北京、上海,位居全国大中城市第三位;2007—2016年金融业对GDP的平均贡献率高达13.37%;全球金融中心指数(GFCI)于2009年9月第一次对深圳进行评价,在2014年3月和9月发布的第15期GFCI和第16期GFCI指数中,深圳位居83个金融中心的第18位和第25位。根据GFCI指标,2012—2016年,深圳的国际金融中心指数排名上升了10位,上海同期上升了3位。深圳已超越北京,成为中国第二大金融中心城市。

第二,金融结构日趋合理。

经历了30多年的快速发展,深圳金融业已形成了银行业、保险业、证券业等传统金融行业与互联网金融、小额贷款及各种要素平台等新兴金融业态百花齐放、蓬勃发展的格局,结构日趋合理,宽度不断加强。2016年末,深圳市持牌金融机构达403家,打造了包含深交所、平安保险、招商银行、国信证券、南方基金管理公司、博时基金管理公司、中国国际期货经纪公司、深圳创新投资集团公司等在内的一大批国内外知名金融机构。围绕深圳证券交易所建设,深圳建成了立足本地、辐射全国,由主板、中小企业板、创业板市场和地方产权交易所构成的多层次市场体系,在我国乃至全球资本市场中都有一定的地位。深交所在2011年、2012年当年的IPO数量均居全球第一位。随着前海合作区开放开发成为国家战略,前海先行先试政策效应开始释放。前海率先实施跨境人民币贷款发展,首家民营互联网银行——前海微众银行成立,汇丰银行、渣打银行、恒生银行、东亚银行等超过万家金融及类金融机构在前海集聚,前海正在成为深圳金融中心建设新的突破口和增长点。

第三,金融创新能力持续深化。

深圳一直是我国金融改革创新的先行者,创新是植根于深圳金融业的魂,是深圳金融业竞争优势所在。深圳之所以能厚积薄发,跻身国内三大金融中心,主要动力就是创新,创新贯穿深圳金融业发展的始终。从全国第一家外资银行南洋商业银行在深圳成立开始,深圳的金融创新像雨后春笋般拔地而起,层出不穷。机构创新上积极引进外资,成立基金管理公司,设立民营银行,培养了平安保险、招商银行等知名企业;市场创新上,建立了全国最丰富的资本市场,互联网金融、P2P等新型金融市场在深圳蓬勃发展;产品创新上,深圳积极发展政府工程项目;科技金融创新上,深圳积极推动互联网、计算机企业与金融机构的合作;制度创新上,深圳打造了中国首个金融标准,以标准化的要求推动深圳金融制度化建设。前海作为金融创新试验区,是深圳金融业的发展新引擎,将继续引领深圳金融业的发展。

(二) 深圳金融中心建设的作用和意义

深圳金融中心的建设具有重大的战略意义:一方面,它有利于深圳城市持续深入发展,维护香港繁荣稳定。另一方面,有利于推进我国金融业改革创新。

第一,深圳金融中心的发展为促进经济建设和社会发展做出了积极贡献。

通过引进和培育金融机构,发展金融市场,提高了金融资源的配置作用,为深圳经济发展提供了大量建设资金和融资便利,促进了特区经济的快速发展;通过金融中心功能发挥,加强了与国内外的经济联系和合作,增强了在国家经济社会发展中的贡献度和影响力;通过加大商业银行对中小企业的服务和支持力度等,完善了金融服务体系,使得金融服务实体经济的力度上升;创造了大量就业岗位,吸引了众多人才,为深圳经济社会的发展提供了人力支持;金融业的发展推动了国家税收的大幅增长,增加了深圳的财政收入,提高了民生福利,促进了财富积累。

第二,深圳金融中心的发展为促进香港繁荣稳定发挥了积极作用。

一方面,深圳积极借鉴香港发展的成功经验,建立和完善市场经济运行机制,加强与香港的金融合作,成为我国改革开放的重要窗口;另一方面,作为香港与内地之间的重要桥梁和纽带,深圳积极承接和配合香港资本向内地流动,为国际资本的流动提供了更加广阔的渠道。当外部经济不明朗时,加强与内地更加紧密的经济联系,有助于促进香港经济的持续发展。

第三,深圳金融中心发展促进了区域经济一体化。

一方面,深圳金融中心通过金融的反哺效应,在促进自身产业结构调整和增长方式转变的同时,推动了金融资源向腹地加速扩散,直接服务了珠三角区域和广东的实体经济,为广东经济的跨越式发展做出了贡献。另一方面,深圳与香港的金融合作模式为扩大粤港金融合作提供了经验和平台,促进了广东与香港金融资源的进一步流动,推动了区域金融资源的良性互动,促进了区域经济的发展。

第四,深圳金融中心发展为国家推行金融改革创新提供了经验。

从改革开放初期到现阶段,深圳金融中心的形成和发展都离不开国家对特区金融建设的政策支持。同时,深圳也在中央和地方政府及金融主管部门的主导下,进行了诸多方面的改革,包括启动国家专业银行向商业银行转化的改革,引进外资金融机构的试验,建立多元化金融组织体系的探索,金融业务模式的创新,建设多层次的资本市场等等,取得了多个领域的成功,为全国范围内金融业改革创新提供了经验,充分发挥了金融改革开放试验田的作用,为国家的现代化建设做出了贡献。

第五章　深圳互联网行业发展实践

互联网产业是指以新兴的互联网技术为基础，专门从事网络资源搜集和互联网信息技术的研究、开发、利用、生产、贮存、传递，并为经济发展提供有效服务的综合性生产活动的产业集合体。互联网产业作为一种融合性新兴业态，已经成为全球经济发展中的技术创新制高点和经济增长点，也是我国战略性新兴产业重点发展的方向之一。习近平总书记多次在不同会议上强调"移动互联网"新一代信息技术发展对产业变革和创新的重要意义。李克强总理多次强调新时期"互联网＋"产业的重要性。国家发改委、财政部、工信部等部委也采取了一系列政策措施。以北京、深圳、广州、上海为代表的一线城市，已在"十二五"期间陆续出台了移动互联网相关发展政策，并从政府层面，以产业集聚的视角，划定产业区间，引导国内移动互联网产业的发展。

深圳是中国第一批向社会提供 Internet 接入服务的城市。1994 年 10 月，深圳讯业获得中国邮电部第一张批文，获准从事计算机信息网络国际联网业务。互联网产业成为深圳腾飞的助推器，尤其是近几年来，深圳经济能持续在高位保持高增长，甚至 2018 年 GDP 超过老牌一线城市广州，蓬勃的互联网产业是中流砥柱。据统计，目前深圳软件产业产值占到全国的 1/10，电子信息制造业产值占全国的 1/7，整个互联网产业产值占全国的 1/8。不仅如此，深圳良好的创新创业氛围和国内首屈一指的互联网基础，加之有众多表现不俗的中小型互联网企业不断涌现，有腾讯、迅雷、梦网科技等占据全国互联网行业利润半壁江山的龙头企业存在，深圳已被外界认为超过上海，成为中国互联网第二城。

第五章 深圳互联网行业发展实践

一、深圳互联网产业发展情况

(一) 深圳互联网总体发展概况

互联网产业是21世纪最具活力的产业之一。早在2009年,深圳市政府就确定将互联网产业作为战略性新兴产业之一,并出台了相应产业振兴发展的规划和政策,每年安排5亿元财政专项资金扶持互联网产业发展。在市政府及相关协会支持下,深圳互联网产业蓬勃发展,形成了新兴互联网企业、传统IT企业、传统产业企业等齐力发展的良好局面,并且拥有全国领先的网络基础设施,技术创新氛围好,产业链配套能力强,为互联网产业提供了有力的产业支持。

深圳市互联网产业产值高。2012年,全市互联网产业收入达到805亿元,同比增长46%,实现电子商务交易额5 800亿元,同比增长32%。根据深圳市软件行业协会年度统计数据,308家互联网企业2012年主营业务收入466亿元,同比增长39.49%;缴纳税金35亿元,同比增长9.53%;利润总额达到142亿元,同比增长24.8%;研发投入53亿元,同比增长5.17%;从业人员达到4万人,同比增长19.47%。2015年深圳互联网产业增加值为756.06亿元,同比增长31.16%,占全市七大战略性新兴产业增加值的10.80%。

深圳市互联网产业发展活跃、聚集效益优质。不仅培育出华为、中兴、腾讯等电子信息制造及互联网巨头,还吸引了百度、阿里巴巴等互联网企业入驻。以蛇口网谷、福田国际电子商务产业园为代表的10多个互联网产业园区成为吸引互联网企业入驻的"宝地",入驻的互联网企业超过1 000家。

(二) 深圳互联网产业繁荣发展的原因

深圳互联网产业能在资源相对匮乏的情况下超越上海和广州,成为中国互联网第二城,并保持高速发展,与其独特的城市环境、生活氛围和政策导向脱不开关系。主要有以下几点原因:

一是独特的产业链优势。与中国其他城市相比,深圳的产业链优势明显。深圳所在的珠三角是中国制造业最为集中与集聚的地区,在硬件制造业上有着坚实的基础。硬件生产加工上的便利性很容易吸引互联网企业在深圳聚集,比如小米公司虽在北京,但硬件生产、加工等环节多在深圳。深圳的制造产业链优势甚至是欧美等国家都无法比拟的,随着智能硬件与互联网结合程度越来越深,深圳在这方面的优势也会越来越大。

二是不断聚集的全国各地的优秀人才。互联网产业不间断的风口带来各类相关人才的需求井喷,要想互联网发展持续,专业人才的重要性不言而喻。当前全国各大城市"抢人大战"进行得如火如荼,而深圳在人才引进方面抢先一步。特别是2016年以来,深圳市先后发布了《关于促进人才优先发展的若干措施》《关于完善人才住房制度的若干措施》《关于进一步加强和完善人口服务管理的若干意见》《深圳市户籍迁入若干规定》等系列人才配套政策,并颁布了具有地方性法规条例性质的《深圳经济特区人才工作条例》,从法律层面为人才引进、培养、评价、激励、保障和服务等各个环节保驾护航。每年仅市级财政在人才引进上的投入就达44亿元,最大限度地吸引全国各地的优秀人才汇聚深圳,激发人才的创新创造创业活力,为互联网行业发展持续提供新鲜血液。

三是前瞻性的政策导向和良好的营商环境。一方面,早在2009年深圳市政府就印发了《深圳互联网产业振兴发展规划(2009—2015)》《深圳互联网产业振兴发展政策》,对发展互联网产业的主要任务做了详细规划,提出在2015年互联网产业规模要超过2 000亿元的目标,并拿出大量财政资金对互联网企业进行扶持;2010年,深圳市将互联网产业设为三大支柱性产业之一,对各互联网企业的扶持和补助力度进一步加大;2014年开始,互联网产业发展进入高峰期,"互联网+"的概念越来越普及。2015年7月国务院正式印发《关于积极推进"互联网+"行动的指导意见》,深圳市立即抢抓"互联网+"战略机遇,印发了《深圳市"互联网+"行动计划》,从互联网+金融、制造、商贸、物流、交通、教育等各方面做了具体部署;近年的数字经济建设与智慧城市建设工作,深圳也抢占发展先机,建设进程排在全国前列。另一方面,深圳市作为中国民营经济的起源地,拥有最为宽松的市场经济环境。经济竞争的主力是企业,深圳市政府对企业广开大门、服务至上的态度赢得了很多企业家的赞赏,也吸引了大批优秀企业的入驻。2018年初,深圳市从贸易投资环境、产业发展环境、人才发展环境、政务环境、绿色发展环境和法治环境等六方面提出20大改革措施、126个政策点,对营商环境进行进一步优化,这为加强互联网行业创新创业力度、吸引更多优秀互联网企业来深提供了更坚实的保障。

四是城市中浓厚的创新创业氛围。深圳土地面积只有北京的1/8、上海的1/3、广州的1/4,而管理人口已突破2 000万,成为中国人口密度最大的城市。此外,深圳也是一座典型的移民城市,原住民所占比例不到总人口的3%,各地人才源源不断涌入,青年人才占绝大多数。整座城市年轻而充满生气,数以千万计的青年劳动人口汇集在这座城市竞争前行,压力促使他们每时每刻积极思考、大胆创新,腾讯、华为、中兴等国内龙头企业不间断输出的大量人才,让深圳始终保持着良好创新创业氛围,使得深圳互联网行业能一直表现得生机勃勃。

(三) 深圳互联网产业发展特点

(1) 电子商务领域优势突出

2009年,深圳市成为首个创建国家电子商务示范城市。这几年深圳市的电子商务交易额一直保持50%以上的增长。2001年深圳市电子商务交易额仅为20亿元,2014年电子商务交易额为15 070亿元,13年的时间增长了752.5倍。目前深圳市已初步形成了具有国际竞争力的电子商务创新发展环境,电子商务已成为深圳发展战略性新兴产业、优化产业结构的重要抓手。

深圳市发展电子商务产业的优势比较明显:首先,深圳是全国人口最年轻的城市,也是互联网普及率最高的城市之一,深圳市人均电脑拥有量全国第一、网络硬件环境全国第一、人均网络消费能力全国第一。其次,深圳有优秀的现代工业化产业群。一些比较成熟的电子商务行业,如华强北电子交易市场等在发展过程中自发形成了一些基于产业链的集聚区。深圳市政府也启动了深圳电子商务示范园区的创建活动,促进了企业的集聚。再次,深圳是移民城市,是我国创业氛围最好的地区,已经涌现出众多本土创新企业群,有利于电子商务模式的创新应用。电子商务产业基础设施与电子商务支付体系、物流体系及行业监管与服务体系等都逐步完善。

(2) 互联网企业创新整合能力强

深圳互联网企业创新能力非常强大,腾讯在互联网前沿技术领域拥有完善的自主知识产权体系。据不完全统计,腾讯已经申请专利近4 000件,绝大部分都是发明专利,所占比例在99%以上。融创天下累计申请发明专利近150项,形成以TTVC(移动极低宽带下的编解码技术)、TQOS(移动数据传输保障技术)和MCM(移动云计算中同件平台)为核心的三大技术体系。

随着智能终端的加速普及,移动应用快速增加,移动网民大量增加,中国移动互联网市场正处于高速增长的发展阶段。作为未来移动互联网三大增长点的重要支撑技术之一,二维码的应用也将伴随移动互联网的应用逐渐普及。深圳市华阳信通科技发展有限公司是移动互联网领域二维码应用的领头企业,在二维码凭证平台技术、防伪溯源拍码购物和终端识读设备等多个方面处于领先地位,产品线涵盖二维码行业全产业链,在多个领域领跑市场。

以互联网为依托的信息技术手段,是整合现代服务业产业链的有效手段。作为服务型企业,利用互联网开展面向全产业链的多元化服务业务,才能使企业拥有更宽阔的生存空间。

(3) 互联网与传统产业融合发展

互联网经济是典型的外溢性经济,是破解深圳四个"难以为继"的有效途径,同时也是发展内贸、外贸的最佳引擎,是生产制造业转型升级的有效手段。

传统产业是电子商务的天然土壤和巨大金矿。深圳是制造业比较发达的城市,服装、黄金、家具等传统行业利用电子商务开展营销大有作为。与传统产业结合、优化传统产业的商务流程、提高传统产业的市场规模和交易效率是电子商务的关键机会和发展趋势。随着互联网与传统产业的不断融合,产业边界日益交融,催生出新的商务模式和服务业态,促进传统产业改造升级,传统服务业正转型成为新型服务业。深圳传统产业积极利用互联网改造升级,重组业务流程,提升了企业的竞争能力,拓展了服务内容,降低了服务成本,提升了服务质量。

(4) 互联网促进软件产业焕发生机

随着互联网技术的高速发展,软件服务化进程不断加快,以软件应用商店等为代表,服务导向业务创新、商业模式创新,推动了传统软件产业的转型升级。软件开发技术和应用模式正逐步向以动态满足用户需求为主的服务方向转变。互联网改变了传统软件产业的经营模式,并成为软件开发、部署、运行和服务的主流平台。

深圳软件企业抓住软件和互联网社会发展的契机,潜心发展,取得了很大的成绩,华为云计算已经在电信、政府、医疗、教育等多个行业实现规模应用,给华为带来更广阔的发展空间,也让华为由单一的运营和营销模式转变成国际化、一体化、专业化,具有国际竞争力的世界500强企业之一。深信服抓住互联网网络安全的需求,积极研发SSLVPN网络远程管理系统、上网行为管理、应用交付、域网优化等网络安全类软件,成为全球网络设备领域发展最快的供应商之一。

二、深圳互联网产业面临的主要问题

(一) 产业链整合待加强

根据调查,深圳互联网企业普遍认为缺乏行业资源、跟行业的沟通困难,在行业资源整合方面存在问题。不同于传统产业,互联网产业需要产业链各个环节密切配合。特别是移动互联网,竞争不局限于企业之间,成功取决于产业链之间的竞争和平台的竞争。深圳虽然已形成了移动互联网产业链的雏形,但是还没有形成独特的竞争能力。未来深圳互联网产业链各个环节还需要深入合作,掌握核心技术,形成一个强有力的平台,以具有独特竞争能力。

(二)人才问题日益突出

深圳绝大多数互联网企业人力成本太高,高薪也很难招聘到合适的互联网人才。人才历来是深圳的软肋,深圳本土人才培养能力有限,近年来人才外流现象日益严重,再加上互联网人才稀缺和培养难度大,这些均使深圳互联网产业界感觉要招聘到合适的人才越来越难。预计未来几年深圳互联网人才的缺口将达到2万~5万人,深圳面临的人才压力将越来越大。

(三)中小企业融资困难,发展进程缓慢

深圳互联网企业绝大多数存在资金问题:银行贷款难,缺少风投、天使投资,企业融资渠道缺乏。虽然深圳市地处经济发达的珠三角黄金地带,并毗邻香港特区,但是电子商务的融资难问题依然存在。大部分电子商务企业都是中小企业,向金融机构融资的门槛高,政府拨款难以满足众多中小企业对资金的渴求,风险投资近些年虽然逐渐进入深圳,但是主要面向实力雄厚的企业,绝大部分中小电子商务企业并没有受益。融资的困难对于深圳经济生力军的中小企业来说,明显地削弱了朝气蓬勃的市场动能,给深圳经济的持续发展设置了短板。

(四)电子商务总体发展不理想

电子商务所带来的经济发展契机无疑是巨大的,深圳作为中国内地互联网生态条件相对成熟的经济引擎城市可谓拥有了电子商务助力腾飞的天时、地利与人和。然而深圳虽然具备得天独厚的发展电子商务的条件,但总体上讲,深圳电子商务总体规模上还不是太理想,缺乏大型电子商务龙头企业,整体规模偏小。

深圳在金融、电子等产业上有着全国独一无二的市场环境及配套设施,而电子商务和这两个产业的融合程度也最高。然而深圳传统金融产业与电子商务的结合目前仍处于摸索前进的初级阶段。深圳企业互联网应用意识虽然相对较强,但由于发展环境、成本、人才等原因,企业电子商务发展仍处于比较原始的初级阶段。

由于缺乏龙头企业的有效带动,导致电子商务领先全国的优势领域尚未形成。

(五) 网络安全问题日渐突出

互联网电子商务的运作,涉及诸多方面的安全问题,如资金安全、信息安全、货物安全、商业秘密安全等等。安全问题如果不能妥善解决,电子商务的实现就是一句空话,许多用户不愿进行网上交易,也是因为对网上交易的安全性、可靠性持怀疑态度。

三、深圳互联网产业未来发展的思路

(一) 扶持传统产业转型升级

积极利用互联网技术,重组业务流程,催生新的商务模式和服务业态,促进传统产业转型升级,提升企业的竞争能力、拓展服务内容、降低服务成本、提升服务质量,从而整体上实现深圳经济结构的转型升级。

深圳是中国电子、珠宝、服装等产品的加工制造基地,但营销模式仍然非常传统。由于全球金融危机、出口放缓、内需乏力、成本上升等多种因素,中小企业经营普遍遭遇寒冬,经济环境决定了传统企业(特别是中小企业)将是电子商务应用的主力军。深圳应该抓住机会,大力扶植行业性的电子商务平台发展,快速推进深圳传统产业模式在软环境上进行创新和突破,从而提升传统产业链的整体竞争力,同时谋求智能专项产业交易中心和产业服务中心在全球产业链整合中的新地位。深圳应该引导传统企业、行业协会开展行业垂直电子商务,采取F2C(即工厂到消费者)、B2C、B2B等经营模式,让工厂与消费者直接对接,通过采取消费者定制方式,促进产业链的整合,加速产业升级。

建议政府在扶持传统产业转型升级方面统筹规划,积极引导。一是制定相关扶持政策,激发传统产业转型升级的积极性。二是优化发展环境,建设转型升级公共服务平台。三是提供转型升级融资配套服务。四是建设一批转型升级示范工程,通过一系列扶持政策,着力培养发展一批品牌亮、实力强、有特色、辐射带动能力强、竞争优势明显的传统产业成功转型升级的骨干企业和重点企业。

(二) 力推外贸类电子商务发展

当前我国外贸有30%的成本是环节成本,而深圳是全国外贸状态最全的城市,因而有很大的成本压缩空间。应倡导以"一达通"为代表的外贸类中小企业全程电子商务服务网站模式,通过专业化团队和信息化手段,为中小企业提供外贸领域的一体化全程服务,从而优化企业的成本结构。同时,深圳还将鼓励本地商贸流通企业、农产品批发市场、大型连锁超市和专业市场建立电子商务平台,开展网上交易。

(三)提高扶持资金使用效率

深圳市在落实互联网产业政策方面,2010年先后组织实施了3批财政专项资金扶持计划,设置了11个扶持计划类别,共扶持项目294项,扶持资金6.13亿元。2011年先后组织实施了2批财政专项资金扶持计划,扶持项目566项,扶持资金6.18亿元。2012年先后组织实施了6批财政专项资金扶持计划,扶持项目341项,扶持资金5.9亿元。总计共扶持700多家企业和研发机构,其中7成以上为中小企业,成为提升互联网产业技术创新、模式创新和产业带动能力的"加速器"。这些扶持政策的落实,极大地推动了深圳市互联网产业的发展。

为了提高政府产业扶持资金的使用效率,应该根据企业的实际情况给予不同的支持政策。对于刚发展的小企业提供租金的优惠,而对发展成熟的企业给予研发方面的支持和指导。另外,对于现在普遍存在的计算资源、服务器托管、带宽等问题,政府应该充分利用深圳云计算中心的资源,扶持企业,降低企业的研发成本、实验成本、运营成本,帮助企业以较少的时间开销实现其商业模式。

(四)示范工程引领产业发展

深圳是电子商务、电子政务、云计算、4G等国家示范城市,要落实对互联网产业和相关企业的支持,政府应该在互联网应用方面(如云计算模式的电子政务)先行先试,建设一批成功的示范工程,帮助企业抢占市场先机,从而带动深圳整个互联网产业的发展。

(五)产业集聚发展建立产业联盟

全力支持互联网产业园发展,鼓励发展互联网总部企业,加快产业集聚,使其成为新的经济增长极,促进产业结构升级,构建未来产业优势地位。根据互联网产业基地建设需求,统筹产业发展核心区、重点发展区、提升改造区和控制整备区的规划建设,优化战略性新兴产业的空间布局。鼓励社会各界兴建产业基地,为企业创造良好的发展环境。鼓励企业向产业基地集聚,促进产业基地形成比较完善的产业链。

引导不同的产业园区专注于互联网产业细分领域,建立细分产业联盟,通过产业聚集获得规模优势,做优做强。另外,扶持一些互联网产业园区,建立公共技术平台也非常重要,可以大大降低企业的研发成本。如可以考虑依托蛇口网谷建立网络游戏产业联盟,建立游戏开发公共技术平台,为游戏开发中的动作设计以及渲染提供技术服务。

(六)整合资源发展移动互联网

快速捕捉市场变化,加快自主创新,努力突破核心技术及专利缺乏等突出问题,建立可持续发展的商业模式,都是移动互联网企业的必修功课。当前单靠企业自身的资源能力已完全不可能满足复杂的个性化需求,深圳企业必须充分借助产业链上各类企业的力量,统筹资源为我所用,共同组成垂直生态系统,快速感触和适应市场变化。短期内,要想建立一个可以抗衡苹果、谷歌和微软的移动互联网生态系统的目标很难达到,但深圳移动互联网产业还是有非常多的发展壮大的机遇和实力。比如,依靠华为世界领先的 IC 设计能力构建智能终端产业生态系统,围绕腾讯在移动社交网络以及腾讯开放平台构建移动社交产业生态系统,围绕深圳强大的游戏、音乐等数字内容方面的实力构建数字内容产业生态系统。

第六章 深圳电子行业的创新发展

电子信息产业是研制和生产电子设备及各种电子元件、器件的工业,是当今世界经济社会发展的重要驱动力。电子信息产业是国民经济战略性、基础性和先导性支柱产业,对于国家和各个省市各方面的发展和壮大都具有非常重要的作用。

一、深圳市电子产业发展现状

(一)电子信息产业已经成为深圳市支柱产业

长期以来,深圳市不断提升电子信息产业的优势地位,集中力量,突出重点,大力发展外设产业、通信产业、软件产业、数字视听产业、光电机一体化产业、电子元器件产业和电池产业,把深圳建设成了全国乃至全球重要的信息制造业基地。2015年集成电路设计收入规模突破300亿元。2016年电子信息制造业产值达1.6万亿元,同比增长7%,规模以上工业增加值为4393.5亿元,占全市规模以上工业增加值的61%。软件服务业收入5196.7亿元,继续保持15%以上的增速,实现出口额224.3亿美元,同比增长4.3%。电子信息百强企业深圳共有18家入围,前10家深圳有3家,分别是华为、中兴和比亚迪。深圳市上市主体超过310万家,居全国城市首位,其中企业超过170万家。

目前,深圳拥有完整的电子信息产业链,一批龙头骨干企业不仅在国内领跑,还在国际市场具有强大竞争力。比如,华为成为全球最大的电信设备厂商,华星光电成为全球第五大液晶面板提供商。此外,深圳借助自主研发、创新驱动成为全国乃至全球重要的通信设备、平板显示、计算机及外部设备、电子元器件、家用视听和软件的研发、生产、出口基地。目前,作为第一支柱的电子信息产业,成为深圳产业转型升级的风向标。

(二)产业内部结构不断优化

一是软件产业和信息服务业发展迅速。进入 21 世纪后,深圳市软件产业和信息服务业发展提速,产业增加值逐年增加,在国民经济中所占比重逐渐攀升。据统计,从 2003 年起,深圳市软件总产值一直保持高速增长,到 2018 年,总产值突破 12 813.0 亿,年增长率达到 42%,占电子信息产业总产值的 30% 以上,软件收入超亿元企业共 351 家,较 2017 年增加了 17 家。

二是产品结构向高端化发展。产业结构的不断优化,不仅体现在内部行业的协调发展,还主要体现在产品结构的高品质化、高端化、高附加值化。深圳市电子信息产业自 1979 年发展至今,随世界市场需求的不同,各个时期主要的电子信息产品也不相同。进入 21 世纪,投资类电子产品和电子元件的需求增长逐年攀升,逐渐占据市场主导地位。而消费类电子产品需求增长相对缓慢,但消费类电子产品中的高端产品的需求保持了高速增长。

三是产业自主创新能力提升。近年来,以华为、中兴、腾讯等电子信息企业为主体的技术创新体系进一步优化,知识产权创造和运用水平明显提高。目前,全市各级重点实验室、工程实验室、企业技术中心等创新载体累计约 1 100 家,其中国家级 70 多家。深圳在通信设备、计算机、电子元器件、家用视听等细分行业具有较强竞争力,基站、交换机、路由器、智能终端等重点产品产量居世界前列,华为、中兴成为全球领先的信息与通信解决方案提供商;全市有 3 家企业进入全球智能手机出货量前十强;大疆创新成为全球领先的无人飞行器控制系统及解决方案研发和生产商,其消费级无人机约占全球 90% 市场份额;柔宇科技研发的全球最薄的新型彩色柔性显示屏,厚度仅 0.01 毫米,已实现量产;汇顶科技研发的屏下光学指纹识别芯片,在解锁速度等项指标上已接近电容指纹芯片指标,申请并获得了国内外 180 多项专利。

四是产业园区化建设程度较高。深圳市拥有国家高技术产业重要基地——深圳市高新技术产业园区,区内有国家集成电路设计深圳产业化基地、深圳软件园等等专业化生产基地。深圳市高新技术产业带共有 14 个工业园区,园区内除了包括工业园区之外,还包括有留仙洞、大学城、深圳湾等人才、技术、知识密集的园区,产学研结合能在园区内很好地实现。电子信息产业以园区式集聚发展能有效推动产

第六章 深圳电子行业的创新发展

业结构的优化升级,推动产业向价值链的高端发展。

(三) 产业集聚效应显著

深圳市电子信息行业呈现多方位、多层次、完整的产业链特征,形成了从移动通信、程控交换机到光纤光端网络设备的通讯产业群;从部件到整机的计算机产业群;从集成电路设计、嵌入式软件到系统集成软件的软件产业群。2018年,深圳市19家企业入选中国电子信息百强企业。华为、比亚迪、中兴、腾讯、创维、康佳、华强、大疆、天马、普联、华讯、金蝶等一大批电子信息企业迅速崛起,以龙头企业凝聚产业价值链升级。

二、深圳市电子信息产业发展的有利条件

(一) 优越的产业发展生态环境

电子信息产业是最需要创新的产业之一,而深圳的开发和技术创新、产业配套能力在国内处于领先地位,高新技术交易和产业化程度发达,创新环境优越。以市场为导向、以企业为主体的创业创新体系是深圳高新技术发展的特色。同时,深圳是全国自主知识产权成果的重要产出地。2018年,深圳市专利申请量22.86万件,授权量14.02万件,发明专利申请量6.99万件,PCT国际专利申请量1.8万件,连续15年居全国大中城市第一。

深圳的政府管理是服务型的,管理有效而宽松。深圳政府主动为企业服务,营造宽松环境,实施有效管理。深圳市场经济体制较为完善,市场化程度高。深圳政府服务水平排全国第一,政府公共管理过程中服务意识较强,产业发展受行政干预较少,是全国创业和投资环境最好的地区之一。

(二) 深圳政府对电子信息产业的多方位支持

深圳已形成了较为完善的电子信息产业规划和政策。2009年,深圳出台了《互联网产业振兴发展规划》,2011年出台了《新一代信息技术产业振兴发展规划》,2012年出台了《关于促进科技和金融结合的若干措施》,2013年出台了《关于进一步促进电子商务发展的若干措施》《关于全面推进信息化发展加快建设智慧深圳的指导意见》以及《关于加快深圳软件和集成电路产业发展的若干措施》等系列

文件。

(三) 深圳有着开放的人才管理体制和重视人才

深圳是一座移民城市,外来人口占了总人口的90%以上,使深圳成了一座孕育各种新思想、新观念、新机制的大熔炉,这是高新技术产业在深圳能够迅速崛起的良好人文环境背景。深圳已建立起了比较完善的经理人才市场、科技人才市场和激励人才积极性、创造性的利益机制。深圳市政府为华为、中兴通讯等高新技术企业招聘人才一路大开绿灯。深圳积极实施"孔雀计划",引进海外高层次人才(团队)来深创业创新,实现从单个人才引进向人才团队引进转变,从主要提供资金支持到提供综合性服务转变。通过"孔雀计划",深圳引进了光启超材料团队、华傲数据管理团队、新型柔性显示技术等20多个电子信息先进高端团队。

(四) 以创意设计产业为代表的生产性服务业与制造业良性互动发展

创意设计产业和为高新技术产业化服务的科技创新类服务业的高速成长是深圳生产服务业和制造业良性互动的保证。创意设计产业和高新科技产业中的软件业、集成电路设计产业等属于生产性服务,不但为深圳本地的制造厂商,更为珠三角和全国庞大数量的制造业厂商服务。珠三角低端制造业厂商升级的实际需求,使创意设计产业和科技服务类生产性服务业得以高速发展。香港的先进服务业又以知识溢出的形式影响深圳本地服务业与国际接轨。这些都促进了深圳生产性服务业的发展和同珠三角制造业的互动。深圳目前是中国的设计重镇,2008年获得联合国教科文组织授予的"设计之都"称号。

三、深圳市电子信息产业发展存在的问题

(一) 电子信息产业链有待优化升级

产业链既反映一个产业的发展状况和发展特征,同时也对产业的发展起着重要作用,深圳市电子信息产业链仍然存在着比较多的问题。

第一,电子信息产业链环节发展不协调。电子信息产业企业数量众多,但以中小企业居多,同质性高,易造成过度竞争。与欧美相比缺少规模大、实力强的大型、超大型企业。大多数中小企业仍以来料加工为主,从事简单的组装业务,产品附加

值低,缺乏技术含量,抗风险能力较弱。

第二,产业价值链处于电子信息产业全球价值链的低端。深圳市是我国重要的电子信息产品加工制造基地,数据显示深圳进出口的贸易方式以加工贸易方式为主。进口的产品结构中,以电子信息产品的零部件为主,进口的主要具体品种为电子信息产品的元器件、零部件及加工器具,此类产品主要服务于整机的加工与组装,处于全球价值链的低端环节,产品的附加值低、同质性高,缺少国际知名品牌和高附加值产品。属于电子信息产业核心产业的软件产业与具备高附加值的信息服务业尽管发展迅速,但与电子信息制造业相比,它们在深圳市电子信息产业内部结构中所占的比重仍然很小,产业内结构发展不均衡。

(二)电子信息产业高级人才缺乏

随着深圳市电子信息产业的逐步升级发展,产业对高技术人员、技术研发人员、高水平技工人才和高素质人才的需求逐渐增加。据统计数据显示,深圳市对电子、半导体、集成电路的高技术人才需求旺盛,其次为互联网、电子商务以及计算机软件人才。深圳市电子信息产业的人才结构大体呈现两头小、中间大的特征,中端人才数量庞大,行业高端人才需求缺口较大。

四、促进深圳市电子信息产业优化升级的建议

(一)整合产业链,促进结构的优化升级

1)整合同类型中小型企业

推动同质性零散中小型企业的整合,集中优势力量,促进产业在某几个环节上取得突破性发展。深圳市电子信息制造业的企业数量多,且大部分企业属于加工贸易型,多数处于产业价值链的最低端,产品附加值低。一个环节由如此多的企业进行生产,一定程度上使得分工过细、竞争过度、产能分散。通过培育重点企业,合并同类型的零散中小企业,建立企业集团,有利于集中产能,整合各类资源,减少资源的浪费,降低市场的无序竞争。企业可以根据自身整合后的实力,集中优势力量,专注于部分生产环节,重点突破,在全球价值链中占据一席之地。

2)加快低端生产环节的转移

首先,向中西部地区转移附加值低的生产环节,为深圳市电子信息产业的转型

升级腾出空间。向中西部地区转移低端加工贸易产业,是近年来国家区域经济发展的要求和趋势,转移深圳市电子信息产业中附加值低的生产环节符合了这一要求和趋势。深圳市作为我国主要的电子信息产品制造基地,应当把握住这次机会,为承接电子信息产业关键零部件的生产创造良好的条件,这在某种意义上对加快转移低附加值生产环节,为转型升级腾出空间有着现实要求。其次,加快大型企业的去初级化。所谓去初级化就是将企业中的低端制造环节迁出,引入较为高端的研发设计环节。深圳市大型企业中像TCL、康佳等,约有半数的生产性人员,且企业涵盖了生产、制造、营销等所有环节,这就必然使得企业无法有效地提升自主研发能力。应加快将生产、制造等低端环节迁出,将经营重心转移到产品的研究与开发、品牌经营、营销服务等环节,促进企业生产链条的升级。

3) 推动电子信息产业与现代服务业的融合与良性互动

深圳市要加快基础设施建设,健全配套服务体系,加快构建现代物流体系、信息服务业体系以及生产要素服务体系;同时,应紧抓粤港澳大湾区建设机遇,加强本地服务网络与港、澳、台以及内地之间的联系,瞄准国际市场,使本地服务体系与国际服务网络接轨,从而在港、澳、台、内地以及国际市场之间形成一个庞大的销售、流通、服务网络,为深圳市电子信息产业升级营造一个良好的环境。

(二)加快高新技术产业园区建设,以园区带动电子信息产业的转型升级

1) 完善基础设施建设,创建便捷的服务体系

深圳市高新区内已建成较为完备的道路、供电、供水、供气体系,但整体水平不高。园区内商业、娱乐等第三产业不发达,商场、医院、活动广场缺少,生活性配套设施滞后;此外,区内现代服务业特别是生产性服务业发展落后。这些问题使得园区的投资环境不佳,一定程度上制约了园区的健康快速发展。政府应加大对高新区内基础设施建设的投入,完善区内交通、水电、燃气等供给系统,新建医院、市场、活动中心、住房等民生设施,帮助区内职工解决生活上的后顾之忧。大力发展现代服务业,建设高标准的物流服务体系、仓库存储体系、行业市场分析平台、技术创新服务平台等有利于提升园区综合实力的服务体系。此外,依托园区内已建立的虚拟大学城以及深圳湾、留仙洞、大学城等园区,设立科技教育、人才培训等机构,建立电子信息产业孵化园,加大对电子信息产业高技术人才的培训,以及核心技术的

研发,在园区内实现产学研结合。

2)提高企业入园准则,增强园区创新能力

深圳市高新区中,电子信息产业的低端环节比重大,创新基础能力不强,严重影响园区质量。借鉴台湾新竹科技园的成功经验,深圳市高新区在引入电子信息业企业时,应选择技术水平高、附加值高、市场潜力大、环境污染小、产业关联性大,且具备一定投资强度的企业;同时,积极将园区内的低附加值企业向外迁移,改变区内低端环节比重大的现状。引导企业增加研发费用的投入,同时政府也应加大对研发领域的投资,提高研发投入资金的使用效率,还可引导国内知名企业与园区内中小企业加强交流与合作,促进区内大中小企业之间信息资源的交流、产品和技术的联动创新,营造良好的创新氛围,提高园区内中小企业的创新能力。

3)加强电子信息产业人才资源的培养

要推动深圳市电子信息产业的升级首要的就是培养、吸引及留住电子信息产业高端人才。首先,加大对本土信息人才培养的资金投入,依托区内高等院校及科研单位,培养高技术信息人才。其次,紧抓粤港澳大湾区建设机遇,对接香港高校基础研究资源,优化对基础研究的前瞻布局和资源配置,以创新人才培养模式为核心,以产学研合作为关键,建设深港微电子学院。开展与世界发达科技园区的人才合作计划,利用国际资源培养国内所需的高层次人才。企业层面,应加大企业人力资本的投入,注重企业员工的培训与发展,提高企业 R&D 人员的比重;注重企业员工的多元化、国际化,充分利用国际人才市场;重视对高技术人才的吸引,建立基于公司整体利润贡献率的员工绩效奖励机制,为员工创造一个自由、轻松的工作环境。

4)充分利用国际国内两个市场

在保有国际市场份额的基础上,扩大内需。深圳市电子信息产业整体对外依存度较大,在国际市场上所占份额较大,但国内市场没有得到充分开发。随着国内经济的发展,生活水平的提高,人民对电子信息产品的需求也逐渐增大,电子信息产品的潜在市场也在逐步扩大。深圳市电子信息产业应把握这一优势,壮大自身的发展,减少世界市场变动所带来的不利影响。因此,深圳市电子信息产业在扩大国际市场份额的同时,应该重视国内市场的开发。

创新之都——深圳

第七章 深圳医药行业的创新发展

一、深圳市生物医药产业发展状况

自2005年被国家发展改革委认定为第一批国家生物产业基地以来,深圳的生物产业以年均20%的增速快速发展,建成了坪山国家生物产业基地、国际生物谷两大生物医药产业集聚区,并培育出一批我国生物医药领域的龙头企业。

(一)产业规模:总体保持稳定增长

深圳市从2009年开始重点打造生物医药产业集群以来,生物产业规模保持高速增长。深圳的生物产业规模在2013年首次超千亿元人民币,达1 055亿元,增长速度为15%。2016年,产业规模已超过2 000亿元。2017年深圳生物医药产业规模超过2 400亿元,高端生物医学工程、基因测序和生物信息分析、细胞治疗等技术跻身世界前沿行列。从工业增加值来看,2009年以来,深圳生物产业工业增加值总体保持增长。2017年深圳市生物产业增加值约300亿元,增幅高达24.6%(图7.1)。

(二)空间链:形成了坪山国家生物产业基地、国际生物谷两大生物医药产业集聚区

目前,深圳基本形成了以坪山国家生物产业基地、国际生物谷两大生物医药产业集聚区为主导的产业空间格局。

1) 坪山生物产业基地

坪山生物产业基地是全国首批、深圳唯一的国家级生物产业基地。基地规划

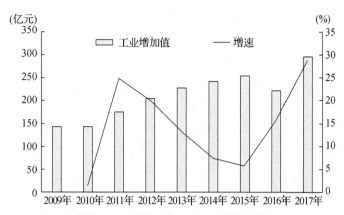

图7.1 深圳市生物制药产业发展状况

数据来源:根据公开数据整理。

了"一核""一廊""四分区"的空间结构:"一核"是生物产业创新综合体;"一廊"是沿荣田河打造的生态景观和生活配套所形成的综合服务走廊;"四分区"是生物医疗器械区、生物医药产业区、生物服务区、生物产业综合发展区。经过多年发展,基地已经吸引了120余家生物医药企业和产业化平台项目入驻,代表性企业有赛诺菲巴斯德、国药致君、海普瑞、康哲药业等。

2)国际生物谷

国际生物谷于2013年由深圳市政府主导建设,是深圳市继前海之后的又一个重要增长极。深圳国际生物谷地域范围覆盖东部沿海大鹏、盐田及坪山地区,以地处大鹏半岛东北端的坝光片区为核心,形成三个圈层。

(1)核心功能圈层:以坝光为主导,与葵涌、鹏城形成三极互动的核心圈层。

(2)融合功能圈层:与坪山、盐田等区域生物科技产业发展相融合,构建集总部、研发、生产、信息、服务于一体的生物科技产业链,形成深圳东部区域生物科技产业的融合共生发展。

(3)协作功能圈层:拓展延伸生物科技产业链,搭建全市生物科技产业互动平台,形成全市生物科技产业的大协同发展。

国际生物谷围绕生命信息、生物医学工程、生物医药与高端医疗、生命健康服务、生物资源开发、生物环保与制造等重点发展产业领域,规划构建"一库一院两园多平台"的产城融合格局,重点发展国家基因库、中国农科院深圳生物育种创新研究院、生命科学产业园和海洋生物产业园等空间载体。

目前,国际生物谷已引进多个国际知名团队,包括"DNA之父"詹姆斯·沃森正在推进建设的"沃森生命科技中心"、巴里·马歇尔建设的幽门螺杆菌检测及精准医疗中心、美国三院院士伯纳德·罗兹曼的罗兹玛转化医学研究院。生物谷配套园区已引进生物企业52家、科研机构11家,年产值逾8亿元人民币。

(三)产业链:在基因检测、医学影像等细分领域具有领先优势

目前,深圳市已基本形成较为完整的生物医药产业链,在基因检测、生物信息、医学影像等细分领域具有领先优势,并培育了生物疫苗、干细胞等特色细分领域。

图 7.2　深圳市部分生物制药企业

信息来源:根据公开资料整理。

在基因检测领域,国家基因库落地深圳。作为我国唯一家筹建的基因库,国家基因库是目前世界最大的基因库,未来将为深圳市基因检测的发展提供强大平台支撑。拥有基因检测领域龙头企业华大基因、基因治疗领域创新研发型企业赛百诺等一批优势企业。其中,华大基因依托先进的技术平台、丰富的临床经验以及庞大的基因数据库等多项核心优势,已发展成为全球领先的基因测序企业。

在医疗器械领域,深圳集聚了医疗器械生产企业700多家,总产值超过400亿元,约占我国医疗器械市场总规模的8%,培养了迈瑞医疗、理邦、先健、开立、稳健、新产业等一批优秀企业,产值达亿元以上企业40多家。其中,迈瑞医疗已发展成为中国最大、全球领先的医疗器械及解决方案供应商,产品覆盖生命信息与支

持、体外诊断、医学影像三大主要领域。

在医药领域,深圳市培育了国药一致、海王集团、华润三九、健康元、泰康等国内知名企业。另外,吸引了赛诺菲巴斯德和葛兰素史克两大国际疫苗巨头落户,极大地增强了深圳在疫苗领域的优势。

(四)创新链:各类创新主体活跃,自主创新能力显著提升

目前,深圳市生物医药领域已建成各类创新载体319家,其中国家级有21家。在基础研究领域,深圳市积极引入高技术创新人才,引进生物生命健康领域孔雀团队38个、"千人"专家32名、高层次医学团队73个;吸引了北京大学、清华大学、哈尔滨工业大学等知名学府在深圳建立校区;通过高校或其他的平台频频牵手诺贝尔奖得主,建立诺贝尔奖获得者领衔的实验室,如已建成的劳特伯生物医学成像研究中心、兰迪·谢克曼国际联合医学实验室等。

依托各类创新主体,深圳市生物医药领域创新能力不断提升。火石数据库资料显示,截至2018年8月底,深圳市生物医药领域授权专利、商标、专著数量总和达到59 714个,仅次于北京,排名全国第二。

二、深圳医药产业发展面临的问题

(一)创新平台需要完善

生物医药产业面临的重要议题之一就是要加快推进生物制药、化学制药、中药等各领域新技术的开发和应用。深圳生物医药产业中小企业众多,迫切需要多层次、宽领域、分阶段的公共研发及服务资源予以大力支持,但目前深圳公共技术平台和产业化支撑平台建设相对滞后,不利于生物医药产业创新环境的形成,不利于生物医药产业的发展。例如目前的实验基地远不能满足企业需求,公共检验、测试和实验平台缺乏给深圳生物医药企业新产品的注册和研发带来一定的困难。

(二)人才培养和引进不足

近年来,随着国家统筹推进区域协调发展,城市间人才争夺日趋激烈,在人才自身培养不足、引进难度加大和人才外移加剧的背景下,深圳的人才优势渐趋弱化,发展后劲不足。从人才培养来看,深圳的高水平大学和科研院所在数量和质量上远远不及北京、上海、广州、武汉、天津等城市,自身培养的生物医药技术人才难

以支撑深圳生物医药产业的快速发展,必须从国内外引进一大批高端人才。从人才引进上看,近年来受高生活成本和高房价的影响,深圳对国内创新型人才吸引力不足。深圳市2010年推出的高技术人才引进的"孔雀计划"以及后续政策吸引了部分创新型人才来深工作,但"孔雀计划"强调引进行业顶尖人才,引进的人才几乎都有海外留学背景。与对海外人才引进力度相比,对国内高校毕业的硕士、博士引进力度要小很多,引进机制也不太完善。国内培养的研究型人才是深圳企事业单位科研的主力军,深圳市需要加大人才引进力度和引进宽度。

(三)产学研对接效率不高

深圳生物医药产业已基本形成以科研院所和企业为代表的主要科研力量,但产学研紧密结合的机制还没有形成,科研院所的课题与企业需求对接效率较低,科技与经济、产业脱节的问题仍然突出。南山区生物医药产学研联盟、基因工程产学研联盟等机构的运作水平还有待进一步提高。

目前,深圳已经加大了产学研对接平台的建设力度,已建设了专业的生物产业孵化器,但已有的产业孵化器还不能满足处在培育期和加速期的深圳生物医药产业产学研一体化发展所需,还需要进一步提高产学研对接平台的建设规模和速度。

三、深圳医药产业进一步发展方向

(一)优化创新平台

推进创新载体建设。加强生命科学和生物医药领域国家重点实验室、工程中心、技术服务平台建设,推动生物医药领域研究资源的开发和共享。充分发挥国家重大专项的核心引领作用,加速生物技术与医药行业相结合以及技术产业化。继续在诊断试剂、生物制药、中药、生物农业等领域建设一批市级重点实验室、工程实验室和工程技术研究中心等创新载体。不断完善生物医药的临床试验、安全检测和评价公共技术服务平台。

大力推进高水平研发机构和高等院校建设。继续推进中国农业科学院深圳生物育种创新研究院、深圳华大基因研究院、中国科学院深圳先进技术研究院、深圳大学医学院等研发机构和高等院校建设,为产业发展提供强有力的技术创新支撑平台。

(二)加大人才培养和引进力度

人才储备充足与否是产业能否成功发展的决定性因素。要进一步明确加强生物医药技术的研究,重视生物医药科学研究、生物开发与企业管理、生物医药产业发展所必备的各类人才。加强企业生产高层次管理人才、高水平生物医药科学技术专业人才等智力队伍建设。要进一步加大人才引进的力度。多通道、多层次、多形式地引进人才,留住人才。探索"招商+引才"模式,多方位引进高端人才。围绕生物产业的重点领域和项目,在引进产业、项目和研发中心(机构)的同时,引进一批高层次创业创新人才(团队)。对引进的人才(团队),给予创业扶持和创新资助。鼓励高校、科研院所等事业单位科研人员在履行所聘岗位职责的前提下,到企业兼职从事科技成果转化及技术相关性工作。可以对高校优秀毕业生采取多方位的激励奖励机制政策,以期留住人才。采用专业队伍跟进吸引、核心人才培养等方式,吸引支持相关技术人才独创或者联合创办高技术企业、从事高技术产品研究。进一步完善和贯彻各项奖励优惠政策,如在户口、税收、收入分配等方面。要完善技术参股入股等产权激励机制,为优秀生物医药人才提供最优的创业条件。

(三)提高产学研对接效率

提高生物医药技术转化平台工作效率。支持生物医药领域行业协会和产业联盟有效开展工作,尽快建立网上科技创新项目库,集成企业技术难题、转移项目和分行业专家库;定期举办生物医药高科技成果展示会、推介会、交易会、洽谈会和各种论坛;鼓励设立生物医药科技成果转化服务机构,建设工程服务等产业化平台,推进成果产业化和技术转移,推进创新成果专利化、标准化、产业化。

加快国家生物医药产业基地的建设。加大坪山新区国家生物医药产业基地的建设力度,按国际一流标准快速打造深圳生物医药产业未来发展的承载主体,提供生物医药产学研一体化基础平台,提高深圳市生物医药产学研对接效率。

创新之都——深圳

第八章 部分民营企业创新发展的实践

一、大疆

DJI-InnovaTIons——大疆创新科技有限公司,于 2006 年由汪滔创立,是目前全球民用无人机及飞行器控制系统、无人机解决方案的头号研发和生产商,成功成为 W2C 世界拉力竞标赛的独家移动无人机赞助商。DJI 的用户遍布全球 100 多个国家,却少有外籍人士知道它是一家中国民营企业。

俗话说:十年磨一剑。这句话用在汪滔身上再合适不过了。仅仅在十年前,大疆科技还只是一个只有 56 个人的小团队。

2005 年,汪滔在香港科技大学就读时就将自己毕业论文的题目定为直升机自主悬停技术。他相信直升机技术也可以为航拍爱好者利用。得到 1.8 万港元研发经费的汪滔开始了自己创作,好不容易做出了一台实验机,却在课题汇报上出现了差错,飞机在空中演示时掉了下来,最终的课题汇报只得到了 C。但这个失败没有让汪滔感受到气馁,反而激发了他的斗志。课题失败后,汪滔一个人跑到了深圳,开始钻研悬停技术。终于在 2006 年的 1 月做出了自己的第一台样品,并在航拍爱好者中广受好评。这时的汪滔开始了自主创业。最初他叫上了一起做实验课题的两位伙伴,创立了大疆科技。办公地点坐落在一个居民区内。招人的历程是痛苦的,当时汪滔团队基本招不到高科技人才,很多人在参观办公地点时,一看是小作坊,掉头就走。

这是每个创业者在创业之初都会经历的阵痛期,但坚持自己的想法就一定会有出路。经过不懈的努力,在大疆科技创立 2 年后,第一个较为成熟的飞行系

第八章 部分民营企业创新发展的实践

XP 3.1问世。中国国内的直升机自主悬停技术在大疆科技这里取得了突破性的进展,并立即引爆市场。

由于当时中国直升机自主悬停技术的民用市场十分稀缺,汪滔的技术很快就获得了业界认可,一个单品在当时卖到20万元。汪滔透露,在市场上得到积极反馈的时候,钱确实好赚了。

由于定价过高,刚获成功的汪滔立即进行转型工作。2012年,大疆Phantom1这个驰骋无人机市场的精灵横空出世,高度集成化与高机动性很快获得市场的认可,并很快引爆了整个世界的无人机市场,让更多的普通用户接触到了飞行器、无人机,DJI从此走上了世界无人机制造领域的前列。至2018年末,大疆科技已占据世界无人机领域超过70%的市场份额,已基本确立无人机市场的霸主地位。

大疆科技的成功源自对于产品专注的态度,这也是每一个智能硬件开发者所必须具有的态度。符合这个态度的还有杭州控客信息技术有限公司联合创始人周元凯,他是一个将简单的插座玩出新花样的90后创业者。在这个智能硬件崛起的时代,大疆科技让我们看到了中国制造业的未来。一直以来,中国都缺少一个能让世界为之惊叹的产品。大疆科技可能会成为第一家让世界信服的公司。高质量、高标准、高水平,这些以前很少在中国智能硬件圈出现的词汇,如今已经在我们国家的科技企业逐渐衍生,相信未来会有更多像大疆科技一样的企业不断出现,让中国智能硬件圈向世界展现出不一样的风采!在2018年6月的大疆发布会上,微软宣布联手大疆向开发者开放适用于大疆无人机的Windows SDK。这一合作除了相当于向全球近7亿Windows 10用户开放无人机技术,也将大疆行业应用业务呈现在微软的开发者面前。

到手即飞的消费级航拍无人机是大疆最具传奇色彩的一面。然而正如以电商闻名的亚马逊也有全球顶尖的云计算业务一样,消费级航拍无人机独当一面的大疆创新也有一些低调又不失亮点的业务,行业应用正是其中冉冉升起的一颗新星。本以航拍摄影见长的无人机为什么会成为微软开发者、电力工程师甚至是国内外警方的生产力工具?大疆行业应用的发展历史揭示了一个简单而又深刻的道理。

(一)从"会飞的照相机"到飞行平台

大疆进军行业应用的尝试起源于2015年。外界都认为大疆的成功得益于"会飞的照相机",原本需要复杂调试和组装的多旋翼无人机,在大疆这里变成了可以到手即飞,简洁好看还好用的消费级数码产品。不过如何让无人机应用拥有更大的可能性一直都是大疆研发部门的重要议题。

2015年中,经过周密的筹备,经纬M100飞行平台正式发布。没有精灵系列流畅的白色外壳,也没有内置高分辨率航拍相机,取而代之的是便于开发者拆装调试的大量外露接口和为扩展设备提供安装空间的碳纤维机架。大疆还为M100开发了嵌入式机载电脑Manifold和视觉传感导航系统Guidance,三者共同组合成了大疆第一套飞行平台。"飞行平台"四个字,说明大疆非常欢迎人们深入研究M100,把M100作为承载新技术、新功能的硬件基础,这也符合大疆官方对其的定位。M100的发布吸引了一些企业研究人员的关注,因为经过一定开发的M100确实可以提高他们的生产力水平。M100亮相一年多以后,大疆在2017年的世界移动大会上发布了M200系列,直指行业应用。

论产品阵容,M200确实更像一个"平台",下至基本款M200,上至内置D-RTK模块的顶配M210,三种型号有针对性地满足了三个层次行业应用客户的需求。拍摄方面,M200系列支持上单云台和下置双云台,既能实现无死角仰拍,解决了传统航拍无人机的一大盲区,也能同时在飞机下方挂载两个云台,作业效率加倍。IP43级别防护、ADS-B接收器、D-RTK厘米级差分定位技术等辅助技术保证了M200系列的飞行安全,允许飞手放心操控它在高压电线塔、建筑工地、高架桥底等行业应用常见的作业环境中安全飞行。

先行者M100、旗舰之作M200系列,还有从专业影视产品线跨界升级而来的M600 Pro构成了如今大疆经纬(Matrice)系列飞行平台的三巨头。以稳定的飞行能力作为基础,行业应用业务的发展会有更多的想象空间。

(二)全方位扶持无人机开发者

自从"开发者"这个概念兴起后,SDK就成为一个人尽皆知的名词。什么是SDK?对于大疆来说,SDK就是让开发者用代码把客户需求变成无人机实现飞行和拍摄功能的工具箱。

早在2014年底,大疆就面向开发者提供了DJI SDK,其中最基础的是Mobile SDK,它允许开发者开发第三方控制无人机。Mobile SDK的知名成果包括可以给精灵3加入航点飞行功能的付费App Litchi,还有可以控制无人机完成自主建模拍摄的Pix 4D、Altizure等平台。这些从科研人员角度开发的App给大疆早期的消费级无人航拍提供了可用于实际的行业使用条件。

经过几届开发者大赛以及航拍无人机热销培育的市场后,大疆把自己软件的

第八章 部分民营企业创新发展的实践

开放程度提高了一个层次,开放了更强调在机载平台上进行开发的 Onboard SDK。Onboard SDK 可以实时本地化调用飞机各项传感器的数据,适合数据量更大的处理任务。不过,虽然 Onboard SDK 允许开发者开发机载算法,但无人机硬件能力始终是开发者不容易跨过的一道坎。2018 年初,大疆发布了 Payload SDK,第一次面向开发者开放了硬件平台。Payload SDK 包含 API 接口、DJI Skyport 实体接口部件、移动 App 和外部负载。外部负载通过 DJI Skyport 与飞行平台相连。只要软件适配到位,开发者可以使用 Payload SDK 在大疆飞行平台的基础上开发任何种类的挂载硬件,最大限度地针对客户需求做到"有求必应"。

作为无人机平台的二次开发与系统集成商,小红点团队对大疆 PSDK 的好处可谓是深有体会。小红点团队在森林防火等领域有着丰富的开发经验,在大疆 PSDK 发布前,小红点团队就结合 LED 灯、夜视相机和激光测距模块推出了 PSDK 测距应用。主攻开发大疆平台后,小红点团队放弃自组无人机,采用更稳定可靠的大疆无人机平台。短短几年时间,大疆行业应用快速实现了从软件到硬件的全面开放,为开发者提供了一套完善的"造梦平台"。大疆行业应用的客户与大疆不只是甲方与乙方的关系,后者在努力为前者提供可靠的飞行平台的同时,前者也在利用自己独特的需求与技术特长,不断完善大疆的行业应用生态体系,实现双方的互助发展。

(三)从自主研发到合作创新

大疆在 2015 年起步的除了飞行平台产品线外,还有行业应用的开放性商业合作。从大疆下定决心要拓展行业应用业务的那一刻,开放就成为它的重要主题。彼时,Inspire1 是大疆准专业级航拍无人机的畅销产品,可更换云台相机的灵活设计使其拥有强大的扩展性,得到了不少摄影师的青睐。扎实的产品基础与前景广阔的应用场景吸引了美国热成像技术供应商 FLIR 的关注,于是 FLIR 与大疆在 2015 年 12 月结成战略合作关系,并迅速推出了双方合作的首款热成像航拍相机——禅思 XT。

基于大疆航拍无人机扎实的飞行性能与 FLIR 业界领先的热成像技术,大疆行业应用的客户得以在天空获取高精度热成像图像。大疆牵手 FLIR 在行业用户中获得的好评证明了开放生态的重要性。从此开始,与合作伙伴在飞行平台、软件、负载设备等多个领域各取所长的商业模式成为了大疆行业应用持续扩张的基调。如今,大疆已经与 FLIR 推出了第二代热成像航拍相机禅思 XT2,飞行平台也升级至 M200 和 M600 Pro 两大行业级产品，生产力大幅提升。

拥有行业应用的第一个开放基础后，大疆持续不断地完善商业模式，透过更多的方式与下游开发商合作，美国 Skycatch 公司就是商业模式合作创新的典型。2018 年 3 月，美国商用无人机数据软件提供商 Skycatch 宣布，大疆将会协助生产 1 000 台定制无人机，Skycatch 将会把这批定制无人机销售给日本工程机械公司小松。小松计划借力大疆飞行平台和 Skycatch 的 3D 地图扫描技术，提高建设工程的智能化水平。大疆的介入减轻了 Skycatch 公司的生产压力，使其专注于软件技术的开发。据了解，大疆在与 Skycatch 敲定合作事项以前，已经为 Skycatch 提供了一些硬件上的技术支持。大疆与开发商、客户的合作形式，并不仅限于 SDK 和飞行平台。当开放的态度成为大疆行业应用的常态，更广阔的市场就降临了。大疆宣布与 Skycatch 合作不到 2 个月，微软公司在年度最受关注的活动 Build 大会上公布了一系列合作。除 Windows SDK，大疆还选定了 Microsoft Azure 智能云平台作为优先云计算合作伙伴之一，利用 Azure 的人工智能与机器学习服务，帮助企业用户基于航拍图像作出正确的商业决策。一方专注硬件，另一方潜心软件，大疆与微软的合作充分证明了开放的力量。FLIR、Skycatch、微软只是大疆开放的里程碑事件，凭借开放的体系、高品质硬件与多样化的合作方式，越来越多的行业应用客户将从大疆的开放中受益。

大疆科技作为一家成功的民营企业具有以下先进性。

1) 大疆科技底气十足，竞价融资开辟新思路

2013 年初至 2018 年 4 月，大疆科技已经成功完成了 6 轮融资。作为无人机领域的独角兽，大疆致力于以创新和技术站稳脚跟，却始终未有上市的打算。其作为无人机领域的领航者，除了创造技术上的奇迹，2018 年 4 月的战略投资采取竞价的融资模式也创造了融资界的奇迹。此次融资采取了竞价方式，股权融资 10 亿美元。

按照大疆要求，投资者须认购一定比例的无收益 D 类普通股，才能获得 B 类普通股的投资资格，平均 D 类/B 类股的认购比例为 1.61∶1。仅仅四五年，大疆就已经成为消费级市场的龙头老大，对于一个没有被资本捧红、脚踏实地进行产品研究的公司来讲，体现了大疆对行业未来发展环境的看好，对无人机在各个应用领域的认同和对其产品的强烈的信心。

2) 大疆科技发展好，国内外竞争能力均较强

随着无人机应用范围的扩展，大疆的技术已然迈向了一个新的高度。

第八章 部分民营企业创新发展的实践

前瞻产业研究院《2018—2023年中国无人机行业市场需求预测及投资战略规划分析报告》对大疆公开的统计资料汇总显示,2013年大疆科技的销售收入仅为8.2亿元,2014年销售额实现了近4倍的增长,达到30.7亿元。2015—2017年,大疆营收分别达59.8亿元、97.8亿元、175.7亿元,增速维持在60%以上。

从净利润来看,2015—2017年,公司的净利润从14.2亿元跃升至43亿元,2017年较上年实现了122.8%的同比增长,可见在宏观经济进入新常态的发展过程中,公司无人机产品的销售为公司带来较高的盈利能力,在较高的技术竞争实力的影响下,公司的盈利能力处于较高水平。

(1) 消费级无人机占比高,无人机商用获支持。大疆科技的产品主要分为消费级无人机和工业无人机,且以消费级无人机为主。消费级无人机主要用于消费、娱乐,随着人们可支配收入的不断提高及对高端技术追求的提升,消费级无人机的消费需求不断增加。

2016年大疆科技消费级无人机销售收入占当年全部收入的80%,工业无人机占比为20%;2017年消费级无人机收入占比进一步提升至85%,可见公司对消费级无人机市场需求的开发及对该类产品研发的重视。2017年,大疆消费级无人机业务的营业收入达到149.3亿元,较上年实现了近1倍的增长,而工业无人机销售额为26.4亿元。随着无人机在农业应用领域的不断拓展及对无人机作用的认可,未来在政策规范发展的指引下,消费级无人机还有较大的发展空间。

(2) 新产品发布频率较高,国内外市场影响力强。大疆科技作为国内外无人机的领军企业,其无人机新品的发布频率较高,2013—2018年发布了5类有代表性的产品,且各年均有代表性和升级性的产品发布。2013年初公司推出Phantom四旋翼飞行器,是公司无人机的主要代表品牌,至2016年3月已经升级至第四代。而2018年1月发布的新品MavicAir,其高端的技术水平、轻巧的起飞重量都为消费级无人机的应用提供了更好的搭载平台。

据统计,在国外消费级无人机市场的各个价格区间,大疆无人机的市场份额在65%以上,而在国内该份额高达85%以上。可见,大疆以其技术实力在国内外市场上都有明确的竞争优势。

在国外1 000~2 000美元无人机价格区间,大疆无人机的市场份额为66%,2 000~4 000美元的相对高端市场份额占比达到67%。相比于国外市场,大疆无人机在国内的影响力更强,其中6 500~9 000元无人机价格区间,大疆产品的市场份额接近100%。由此可见,大疆科技在无人机领域的"独角兽"地位有较为明确的优势。

3）大疆科技实力雄厚，专利申请行业第一

大疆科技如此迅猛的发展速度离不开公司的研发实力。作为一家现代化的科技型公司，大疆非常重视公司产品的竞争能力。大疆有8 000名员工，其中25%从事研发、工程，以保证公司产品的竞争优势。

2014—2017年，大疆科技的专利申请数一直位居行业首位。2016年大疆科技专利申请数量为874项，当年的专利公开数量达到605项。2017年公司的专利申请数虽有一定的下降，但是在上年专利申请的积累下，公司的专利公开数达到916项。2018年截止4月中旬，专利公开数达到288项。大疆科技如此高的专利申请数和公开数，除体现了大疆科技作为新时期创新公司对专利重视之外，也体现了其研发实力与创新能力。

2014—2017年，大疆科技主攻无人机及与无人机相关的机身、组件、设备等相关专利的申请，并不断增强农用无人机、快递无人机、拍摄无人机等重要的消费级无人机技术领域。2016年来，部分领域的专利申请数量不断增加，并以发明和实用新型为主，体现了公司在无人机领域领先的技术水平和创新性的研发实力。

4）深入用户需求，才能领跑行业应用

在消费级航拍无人机市场上叱咤风云的大疆，为何在行业应用里也能持续领跑？技术优势是原因之一，更重要的是能适应行业应用的市场特点，深入客户需求。当然，这里的"深入"并不是指大疆独当一面，而是依靠与广大开发者展开良好合作，尽可能贴近用户多样化的需求。中国小红点团队、美国Skycatch、瑞士Pix4D……这些公司都是大疆深入客户需求后有针对性开放的受益者。他们依托大疆飞行平台稳定的飞行能力和完善的开放体系进行了独具特色的研发创作，也丰富了大疆飞行平台与行业应用的服务场景。选择开放，是大疆发展行业应用业务的必然结果，随着越来越多的开发者加入大疆的开放体系，将会有更多的客户通过行业应用无人机的普及获利。大疆以一己之力开拓出航拍无人机这一行业，并长期在全球占据70%的市场份额。对于大疆如何思考未来市场趋势，是许多人关注的。但长期以来大疆一直保持低调，在公开发言中谈论较多的也只是大疆已经发布的产品。在农业领域，大疆的进入也是因为最初有大量用户使用大疆的飞控、机架等零配件DIY植保用无人机。这激发了大疆工程师开发高效可靠的一体式植保无人机的斗志。此前由于中国有大量农田适用于无人机植保作业，植保无人

第八章 部分民营企业创新发展的实践

机被认为是无人机产业的蓝海,国家也推出了相应的无人机植保补贴。那究竟是无人机植保行业赚不到钱,还是大疆不愿意在这一行业赚钱?对于这一问题,在广州举办的财富论坛上,大疆创新总裁罗镇华接受媒体采访时表示:"无人机厂商在植保飞防产业链条里是不是应该挣钱,值得商榷。"他认为厂商在无人机植保这一产业中不应考虑利润,而应让利于农,让实施服务的植保队和农户得到收益。据罗镇华表述,植保无人机的营收在大疆整体体量里占比较小,大疆可以轻易负担在农业领域的投入和亏损。而出于扶持植保队"创业"的目的,大疆通过降低售价和增加培训服务为购买无人机的植保团队减轻运营成本,使农户更易获得无人机植保服务。这是大疆首次对外表达对农业无人机市场的战略观点。大疆对农业领域方面市场的态度,与自身的文化与价值观是一致的。大疆是一家诞生于热爱与情怀的公司,公司的核心团队或多或少都因对无人机的热情或是对中国创新的骄傲而加入大疆。这使得大疆对技术非常积极进取,而目前取得的市场成果,是技术与产品本身做到极致后的回报。

大疆这样的企业文化,导致团队中把植保无人机这件事做好的愿望,要比在农业领域赚钱更加强烈。

据大疆官方提供的资料,大疆在 2015 年发布农业植保无人机机产品 MG—1,2016 年升级到 MG—1S,目前这两款型号占国内农业植保无人机保有量中的 70%。

大疆呈现出的创新力度之大,是很多看客都无法估计的,仅仅从产品线的更新换代就能看出端倪。大疆手持稳定仪 Osmo 系列于 2016 年推出,其中 OsmoMobile(支持手机设备)售价为 1699 元,其技术性能处于同行业领先地位,售价比同档次产品略高 15%,配合大疆优良的配套软件,一年的时间里市场反响十分良好,极大地提升了直播、VLOG 的拍摄质量。同时市场都在等待大疆的升级,的确 OSMO2 的技术升级十分巨大,可以堪称是一次技术革新而非技术年度升级,然而让市场更为吃惊的是价格仅仅需要 899 元,直接是革自己一代产品的命,当然也直接给整个市场带来一次大清洗。一年后的 2018 年,大家似乎已经喜欢了也习惯了大疆这样革命性的升级,但等待着升级的市场又被大疆狠狠地"耍"了,这一次 Osmo-Pocket 的体积只有前者的三分之一,扩展性等性能都有质的飞越,但价格直接飙到 2 500 元,这时候市场才了解到大疆在手持稳定仪上的产品布局,想要低价实用选择 Osmo2,想要轻薄和专业则需要花重金选择 OsmoPocke,当前看似合理的市场布局,展现的是大疆技术储备的深不可测,也再一次让市场了解到民营企业在合适的市场环境下的创新实力,能够自我革命的不留余地的创新发展。其实细品大疆的发展历程不难发现,其发展的趋势一开始就是展望全球,产品的研发就直接对接全球化的全体系需求,正是这种不保守的心态,不断革新自我的精神,让大疆在民用无人机领域远超世界,也正是一代一代的推陈出新将上一代产品直接革命的状态,才使其成为全球顶尖的无人机公司。大疆MAVIC的推出直接革掉了"精灵"系列无人机的命,这样的做法对于极个别用户来说,难以确保自身产品的领先环节,在一定程度上的确让用户难以接受,但是高创新性产品的推出,又让用户难以对新产品说不。

二、比亚迪

比亚迪这个品牌,不论是不是车迷都是较为熟悉的,它给每个中国人都留下或多或少的印记。它是一个发展不到30年的品牌,但又至少是伴着70后、80后、90后的人们一起长大的品牌,正是这相互的陪伴,才让比亚迪真正成为一个响当当的中国品牌。

(一)BYD的创立(1990—2003年):电池起家,收购获资质

当前BYD给人感觉更多是在电动车上发力,或者说是新能源上的研发,其实除乘用车、商用车以外,BYD很注重电池业务,它是全球最大的充电电池生产厂家,BYD的发家也是从电池业务开始的。

90年代初,毕业于北京有色金属研究院的研究生王传福被安排留院工作,从基层做起,最后评定为副教授。但在1995年市场经济体制刚刚确立之时,王传福发现其研究领域中的电池将迎来巨大的商机。当时需用重金或者托关系才能购得一部"大哥大"移动电话,王传福迅速意识到这样带来的电池市场的巨大机遇,而生产充电电池需要的是规模,只要有规模就有效益,技术不是问题,王传福于1995年2月决意下海,注册了"比亚迪实业"。

王传福后来对他的决定感到欣慰,因为在2002年底2003年初,比亚迪公司坐上了全球充电电池生产厂家第二把交椅。在同一年,王书福再一次做了一个大胆的决定,那就是转向汽车领域。但在一个从未接触过汽车行业,同时中国汽车行业处在合资垄断的状况下,比亚迪进军汽车行业谈何容易。整车生产资质难以获得的问题,比亚迪选择的解决办法是收购当时已经经营不善的秦川汽车。

第八章　部分民营企业创新发展的实践

秦川汽车作为西北地区唯一拥有整车生产资质的生产企业始建于 1985 年，拥有军工背景。包括秦川汽车在内的四个企业获得了来自日本铃木 Alto 车型的制造技术，当时四大企业同时生产了奥拓车型，获得市场认可的只有秦川奥拓与长安奥拓。

但在 20 世纪末，秦川奥拓与长安奥拓之间展开了一场激烈的竞争，最终以长安奥拓全面取胜而告结束。为了保证能够持续经营，秦川公司凭借已购得的奥拓车型的生产平台，自主研发了福莱尔轿车，并声称是当时中国市场上最便宜的轿车，与吉利汽车之间展开了微型轿车领域的激烈竞争。在 21 世纪之初，秦川公司投入 7.2 亿重金完成了企业技术更新和生产线的重建，并在 2002 年底开始进行新车型制造，随后，秦川的新款福莱尔汽车取得了比较良好的销售成果。虽然市场反映相对良好，但由于出生老派的军工企业，资金困难始终严重困扰企业发展。即使是在销售良好的 2002 年，车销售量达到 17 000 辆时，其总利润也仅有 70 多万元，于是 2002 年秦川汽车开始寻求与他人进行合作。与众多人所想的王传福和秦川一拍即合的收购并不相同，实际的收购过程可以算是一个巧合。王传福与朋友闲聊之时得知了秦川汽车正在寻求买家，他认定这是一个重大机遇，主要原因是当时的比亚迪电池业务已经到达了一个高峰，正在寻求企业有效转型，但是制造手机还是进军汽车行业一直是困扰他的一个重大问题。王传福认为手机不能做，因为他不能和比亚迪的下游企业进行竞争，以免影响市场广泛性的采购。家电也不能做，因为进入门槛太低，可能导致市场竞争过于激烈。房地产是当时的新兴产业，但是王传福认为房地产的准入资质并不明确，未来竞争也会很激烈，再加上港台热钱的涌入，市场情况相对复杂。王传福的想法很简单，那就是要找一个相对玩家较少、门槛相对较高、竞争程度相对低一点的行业进入。想来想去，只有汽车行业，因为获得汽车生产资质一直是相对较难的问题，同时，需要引进国外现有的生产车型与研发能力，这也是当时中国整体汽车行业界所不具备的。考虑到比亚迪公司与国际各种企业之间电子往来的优势条件，选择汽车行业能够方便地利用现有条件进行资源获取，进行技术改造，参与市场。但是这些是主观原因。客观原因是在 2002 年，汽车行业利润丰厚，在制造业当中引发了一种强烈的造作冲动，许多传统企业，比如家电业、手机业、烟草业的巨头都一股脑地涌向汽车行业，希望能够在其当中分到一杯羹。据查，在 2003 年这一年当中，就有包括美的空调、奥克斯空调、格林柯尔、波导手机等众多企业纷纷花大价钱开始进入汽车行业，而比亚迪只是其中一个并不引人注目的公司。

秦川汽车自身的背景也是促成这次收购的一个重要诱因。首先,秦川集团拥有轿车目录,不用再去申报,可直接投入生产,不用为"准生证"再走弯路,就好比芜湖奇瑞通过分给上汽集团其20%的股权才置换获得生产许可。其次,拥有自主研发福莱尔经验和技术的秦川其进口生产线在当时也算较为先进的设备。

收购的过程一波三折,集团内部较为一致地支持王传福提出的企业转型方案,但是BYD集团的外部投资者则明确表示反对,认为这是严重的冒进行为,并扬言一旦收购就抛售BYD集团的股票。事实也如此,在收购秦川集团后的几天里,BYD股价直接从18港币腰斩到9港币。

(二)起步发展时期(2003—2005年):基建改造与逆向研发

BYD汽车集团确立之初虽然遇见过相当多的问题,但公司的方略制定相对明确,有三个主要发展方向:第一,燃油车;第二,电动汽车;第三,混动汽车。这样规划在当前看属于正常,但是放至2003年之初确实有超前之处。同时也结合了电池起家的企业背景。在项目规划确立之后,技术出身的王传福就开始进行工厂的建立和技术基地的监察,在秦川公司的原址上建立了产能达到20万辆的比亚迪汽车制造基地,同时在深圳设立了比亚迪科技研发中心,并且进一步开始收购配套公司,比如在北京吉驰汽车模具公司的基础上改建设立北京比亚迪模具制造有限公司,加强自己的原创化,该公司现在已经成为中国最大的模具制造中心。随后又在上海设立比亚迪的全套系统的监测中心,该中心拥有全国一流的碰撞试验道路,适应调整底盘试验条件和综合试验条件等。可见其基础设施相对完善,初步具备汽车大厂的风范。在新的汽车集团确立的1~2年当中,比亚迪并没有急于开始全新车型的研制,而是进行有效的技术吸收和基建改造,在秦川汽车原有产品下进行部分的升级,推出新款福莱尔,继续推行"经济型精品家轿"的概念,主攻5万元以下的低端市场。王传福自己也坦言,当时自己并不喜欢福莱尔这个车型,因为这个车型是一个闭门造车的产品,并没有考虑到市场的需求,所以他预料了比亚迪继续生产秦川公司遗留的福莱尔产品的效益。为了实现"造世界水平的好车"的目标,还有王传福痛砸福莱尔的传闻。

要在短时间内赶上并实现最终超越国际大厂并非易事,王传福坦言采用的方法正是"逆向研发"。比亚迪常年花上数千万元人民币去采购各个品牌的全新车型,进行系统的拆解学习,并进行本土化改造,最终成为自己的产品。这种逆向研发并不是比亚迪汽车集团的首创,而是传承于母公司电池集团的有效发展。王传福最初就是依靠有效的逆向研发，建立了第一条电池生产线。当时一条全新的三洋全自动电镀生产线需要花费数千万元人民币，而当时王传福只有资金250万元。于是王传福便开始进行拆解，花了一百多万元就建成了一条不错的生产线。除了逆向研发之外，比亚迪还有另外一种造车理念，就是"人海战术"。现代汽车大厂大都进行设备的现代化改造，尽量使用机器参与制造，但王传福认为应该这样算账，一套进口设备花费需要20万美元，如果按照60个月进行折旧，那么一个月就是2万元人民币，而2万元可以请多少人？十几个人顶不上一个机械手吗？这样的思想确实不符合现代制造业的潮流，但是在比亚迪汽车成立初期，确实起到了极大的推动作用，能够有效地将现有资金得到最大化的利用，而不是仅仅进行基础设施的建造，当然这也埋下了比亚迪前期产品质量相对较差的口碑，因为众多工人的技能质量并不能保持一致，直接导致BYD前期产品的品控一直处于相对较差的状况。

正是这样的研发条件，比亚迪人经过一年多的努力，到2005年，研发的新型轿车比亚迪f3正式量产。这款车的外观与丰田花冠几乎一模一样，最大的撒手锏就是低廉的价格，售价仅7.38万元起，同时，比亚迪还首创了分站上市的精准营销策略。这种策略的出发点是要改变21世纪初中国汽车产品生产与售后服务严重不对等的情况，要求产品的服务必须达到一定的标准后，也就是销售地必须有足够的经销商网点和维修售后服务网点，才允许比亚迪f3在当地上市，就是这样一种看似简单粗暴的方式，让比亚迪f3上市之时，就在全国拥有近500个服务网点和300多个销售网点。如此打开了汽车销售与售后的全国网络，为日后其持续销售与售后网络打下了坚实的基础。但如此多的售后网络与服务网点又如何能将价格压得如此之低？要知道比亚迪f3的原型车丰田花冠，在市场上的终端销售价要超过14万元，而比亚迪f3上市几年之后将价格进一步降至5.29万元起，归结于一个原因：就是逆向研发的巨大优势，比正常从零开始研发，能够给比亚迪节省超过30%的研发资金。另一个重要的原因，就是比亚迪减少中间商赚差价。世界的主流汽车厂商都会将自己的零配件进行有效外包，进行规模化生产和集约化经营，大大提高效率，分散风险，但与众多汽车生产企业采用的传统模式不同，比亚迪在对原型车进行分解之后，开始进行立项，研发之初就用北京比亚迪模具配套厂进行自主配套生产研发，除了轮胎、汽车玻璃和少数标准件之外，比亚迪几乎可以将自己的所有产品进行有效配套。能够做到减震器、缓冲块、座椅、车灯、雨刷器、变速箱都可以部分或者全部由自己生产，这样的好处显而易见，那就是能够掌握核心技术而非受制于他人，不用通过相对高额的采购价去获得产品，能够大大地节约成本。也就是比亚迪将中间商的差价转换成了最终的低车价。

(三) 跨越式发展(2005—2009年):每年销量翻一番与过度扩张

王传福自己曾坦言,f3 的热销完全在他的意料之中,因为这款车设计之初就基本满足国人用车的所有要求:大气、便宜、配置高、省油。到 2005 年,f3 大卖之后,其竞争对手奇瑞,甚至还买了一辆样车进行研究。他们认为这个不过是对丰田花冠的简单抄袭,因此奇瑞也下定决心制定了同样的战略,使得在整个后期发展当中,奇瑞和比亚迪一直难分伯仲。f3 获得的巨大成功使比亚迪尝到了立项研发的好处,于是加快了研究步伐。在随后的几年当中,针对雪铁龙 C1 研发了比亚迪 f0,针对凯越研发了比亚迪 f32 以及随后的比亚迪 G3、比亚迪 L3、比亚迪 F6、比亚迪 M6 等车型。虽然新车型的开发方式简单粗暴,但研发速度之快,让市场应接不暇。当时整个汽车行业还处在只要是新车就能热卖的情况下,对车辆品质和品控并没有提出特别高的要求,所以这样用新产品刺激市场的营销方式在前期取得了巨大成功,坊间戏称这种营销方式叫"多生孩子打群架"。王传福在看到 f3 的巨大成功之后,也在 f6 上市之初就放出豪言:"BYD 将在 2015 年实现成为全国第一汽车企业的目标,并将在 2025 年成为全世界第一!"

随后几年中,比亚迪汽车迎来了高速发展,并在 2006 年取得了傲人的成绩,主力车型比亚迪 f3 实现了近 7 万辆的销量,实现整车销售收益接近 50 亿元,在当年成为中国自主品牌汽车销售总冠军,在次年第一、二季度,单月车辆销量超过 1 万辆,并奠定了中国单车型销量前十。通过持续性的车辆投放,在 2009 年首度超过芜湖奇瑞坐稳中国汽车品牌头把交椅。

当然也正是这种"逆向研发"和"多生孩子打群架"的策略,导致比亚迪并不是每一款车型都十分成功,比如比亚迪花重金打造的比亚迪 s8,它的外观大量借鉴奔驰的 CLK,是一款非常时尚的硬顶敞篷跑车。比亚迪历时四年打造,采用现有平台的前驱布局,搭配 2.0 L 自然吸气发动机,但超过 14 秒的百公里加速时间与它动感的外形十分不符,同时近 20 万元的销售价格让其无人问津。另外,仿照本田雅阁的比亚迪 s6,车长基本接近中型车,但车辆品控十分差劲,没有办法保证持续并有效地运营,故障率高,极大程度影响了品牌的持续价值。

迅速增长的销量所带来的是经销商网络的迅速扩张。2006 年底,BYD 已经拥有 500 余家营销网点,至 2010 年最多时网点已经达到 1 200 余家。短短几年,比亚

第八章 部分民营企业创新发展的实践

迪汽车发展速度之快,让业界认为这的确是一个非常好的发展方式。但比亚迪自身十分清楚这样的发展方式存在的弊病。所以比亚迪在服务网点上对服务成绩进行了有效划分,分成 A1~A4 四个等级,针对不同的销售网络制定了不同的车型供应方式,这种方式在一定程度上确保了优良的车型能够持续销售,不会因为销售公司为了追求利润而导致车价的大幅浮动。从这样的销售网络分级可以看出,王传福在 2010 年就已经开始设想将其引向一个更加高端的发展渠道,而非简单的"多生孩子打群架"发展之路。这样的决策是痛苦的,是煎熬的,也是耗费成本的。逆向研发在一定层面上确实存在侵权之嫌疑,但是其带来了巨大的利润,节约了巨大的研发成本,全新的自主研发带来的巨大的成本与设计难度是原本设计研发团队并不想遇见的。对于一个体量相对较大的汽车集团来说,这样的转型是阵痛的,但是这一次转型确实给了比亚迪再次持续发展的一个有效机遇,不过这个机遇所能够获得的甜头,是在接近五年之后才开始逐渐展现的。在普通轿车大放异彩的同时,比亚迪并没有忘记作为一个依靠电池发家的汽车制造厂的真正优势。在比亚迪汽车集团,生产电动车、混动车的口号并没有落空。比亚迪于 2008 年底推出了 f3dm 双模电动车,售价为 14.98 万,这是当时自主设计研发,采用汽油机和电动机结合的驱动方式进行有效驱动的一款汽车,官方宣称这辆汽车充一次电可以行驶 100 公里,用 220 伏交流电慢充 9 个小时就能充满,这是比亚迪为未来电动车领域铺下的一枚导火索,也开始了比亚迪真正创新创业的发展之路。如果说模仿丰田花冠是其外观设计力量不足,比亚迪对电动机、电池等技术的研发却有自己的技术储备,但是要攻克传统汽油机低扭缺乏高转有力,电动机低速扭力强劲高转乏力看似互补的机械运动性能并将其有机整合,确实是一件非常困难的事情,但在这件事情上的坚持成就了比亚迪现在的辉煌。不能说原先的"逆向研发"和"多生孩子打群架"的策略是不对的,但至少这一次的转型是有必要的,也奠定了其在中国汽车市场当中混动、电动行业领先的地位。

在 2008 年,比亚迪做出一项重大决策,那就是与股神巴菲特进行了多次密切接洽。消息的频繁传出让业界十分惊讶,在外界还在不断猜测之时,2008 年 9 月 29 日,由股神巴菲特控股的伯克希尔·哈撒韦公司旗下的中美能源控股公司正式对外宣布,出资 2.3 亿美元高调入股 BYD,占 10%的股份。消息一出,全国企业为之一振,这是外国投资首次直接入股中国品牌制造商,犹如一剂强心剂,直接有力地刺激了中国自主汽车业,同时让 BYD 进入美国电动车市场的计划又推进了一步。有了控股的美国股东的支持,再借助巴菲特的个人流量,不论是在中国还是在美国都大大地提高了BYD的品牌影响力。

巴菲特入股比亚迪一方面是支持比亚迪的电动技术,一方面是加强在中国汽车市场的影响,在随后的2009年1月,比亚迪参展美国底特律车展,巴菲特也高调主动佩戴印有比亚迪logo的徽章,表明自己与比亚迪的密切关系,力挺比亚迪在全球整车行业的发展,比亚迪随后在全球的电动车销售的突破,与此次会展有着密不可分的关系,也正是巴菲特入股比亚迪的一年多的时间,比亚迪的股价从每股8港币飙升至85港币,市值翻了十倍。

(四)发展受阻进入困局(2010年):销量首次惨淡

经过2008年和2009年的爆发性增长,2010年之初,比亚迪制定了扩张性的战略政策,希望能够在2009年销售43万辆产能的基础上,将产量提升至76万辆,并且销售目标为100万辆。然而令比亚迪没想到的是,虽然产量得到大量增加,销量并未比同期有明显增幅,仅完成了51.7万辆,与最先确定的百万辆的销售任务相距较大。为了实现2010年的销售任务,比亚迪除了采用传统的分网销售冲量的办法之外,还利用了"返点"政策,并运用得十分夸张。比亚迪给每个经销商制定了较高的销售指标,若完成则以进车数量进行计算,就能获得极高的销售返点,有时候销售返点的收入甚至要高于单车毛利润,这样很大程度上激发了经销商提车、销售的动力。但这种刺激性的方式是一把双刃剑。因为经销商提车越多、返利越大,所以进货的动力十分充足,但进车数量过多,超出了所在区域市场采购量,导致没能有效销售出去,反而变成了严重的库存积压,使得流动资金进一步减少,导致许多经销商的内部恶性竞争,即使没有办法完成销售任务也要进车获取返点持续生存。起初,比亚迪方面并没有意识到这个决策的严重性,但一系列的连锁反应让比亚迪知道了事态的严重性。在数轮反复压库和扩张性销售之后,2010年4月,比亚迪的经销商网络开始集体进驻西安与深圳总部进行"申冤"。同时,包括四川、湖南、山东等一大批比亚迪经销商出现了集体性的退网情况,总计宣布退网的高达400余家,销售网络处于崩溃状态。但BYD官方仅觉得这是公关问题,并没有将事情的焦点转向"巨额返点"。当时随着时代的发展,比亚迪发现对经销商的网络管控已经处于失控状态,经销商面临严重压库、资金周转不良、利用率极低和亏损等问题。花了接近两个月的时间,比亚迪才认识到这个问题,2010年第三季度比亚迪销售总公司在深圳召开紧急商务大会,公开承认比亚迪公司此前存在决策性失误并宣布积极应对经销商网络诉求,同时压缩本年度的销售目标;抓紧成立比亚迪金

第八章　部分民营企业创新发展的实践

融公司以缓解全国经销商金融困难问题;向经销商公开道歉。这一系列举动逐渐平息了比亚迪的退网风波。此次事件让比亚迪认识到其整体规划与逐步发展存在的最大问题,方式方法的运用需要灵活但一定要有计划性。让年轻的比亚迪公司认识到持续性的计划的重要性。但对于调整力度如何把握,内部依旧存在争议,因为比亚迪认识问题之后对2010年度的计划进行调整,调整为60万辆,但年终依旧没有完成任务,足以证明认识并不深刻,仍保有一些不切实际的期望。更重要的问题是比亚迪后续车型依旧是依靠低车价进入市场,但随着中国经济持续攀高,整体经济向好发展,获得改革开放红利的人们对汽车的诉求从简单的有车就行,逐渐开始对品质提出了更高的要求,但比亚迪十年的发展并没有主观地去提高车辆的品质。低价多量的销售方式在一定程度上满足了当时中国的发展需求,但十年的发展足以改变这一潮流。比亚迪在整个发展过程中缺乏一个长期有效的计划,王传福也认识到之前"多生孩子打群架"和逆向研发的方式已经走到了山穷水尽的地步。

(五) 步入整改期(2011—2012年):问题集中爆发

在迅速扩张性发展的十年后,比亚迪的业绩跌至最低点,连续5年超过100%的增长在2010年这一年被彻底打破了,王传福痛定思痛后决定开始要比亚迪上下进行全面的自我反思,通过系统总结发现存在三大系列问题:第一是车辆评估问题,第二是营销网络建设问题,第三是品牌广宣问题。虽然在2010年经销商退网事件发生之后,比亚迪就开始进入品牌阵痛的整改期,期限为三年并大力压缩资本开支,保证每年能够实现20%~30%的持续增长,力争到2015年重回中国自主品牌第一。这样的决断是正确的也是创新发展公司当中必将遇到的阵痛。在2011年,比亚迪采取的一个方法就是"官方降价",简单且粗暴地宣布旗下成熟车型全部降价,单车型的最高降幅可达到1.5万元,对于只有10万元左右的家轿品牌,这样的降幅是非常可观的,目的还是为了冲销量,打造更多的能够销售单月过万的车辆,但是这样严重影响了已购车型的消费者的利益。刚买了没多久的车,官方降价逾万元,这直接导致二手车的销售价格直线同比下滑,这一点王传福已经预见到,因为整个品牌需要整改期限,将现有自主品牌进行有力的调整,为的是让市场份额与价格区间得到重新配置和调整,为了后期的涅槃重生。

整个整改过程的首个产品就是比亚迪s6,这款车即便是2019年依然能够看到。这款车外观依旧有明显的借鉴成分,但是品质上有了较大的进步。比亚迪内部也表示,早期车型只要进行近百万公里的测试就匆匆上马,但是2010年之后的新车推出时间变慢了,研发周期变长了,也会进行多环境、多路况、全天候的实况试验,以保证产品品质。同时,另一款产品是比亚迪G6,这是比亚迪技术上的一个全新突破,采用的是自主研发的1.5 T涡轮增压发动机与六速湿式双离合变速箱的组合,这样的组合配置已经基本齐平于国外。采用的相关的技术水平也能够匹配顶尖国际大厂。当然如果细细发掘,你会发现创新发展过程的背后,比亚迪这次逆向研发的并不是外观,而是大众的技术,比亚迪的1.5T发动机是逆向研发大众1.4T代号EA211的发动机,六速双离合变速箱是直接逆向研发于大众的七速干式双离合变速箱。虽然是逆向研发,但这次比亚迪能够全盘吸收,并且重新创新,是中国品牌车型在那个年代的一大突破。同时比亚迪也没有在电动车领域有所懈怠。在2009年之初,比亚迪就开始在各种场合展示比亚迪e6纯电动车的原型车,并最终在2011年正式推出。这款售价高达36.98万元的电动车在国家政策补贴的大背景下,能够获得超过12万元的补贴,它搭载的是比亚迪成熟的铁锂电池技术。这项技术在国外早有研究,不过比亚迪在此基础上做了众多的改进,适合自己所有的生产体系,能够进行批量化的生产。虽然车型存有不足,虽然日后在香港遭到了全面的滑铁卢,但是国内的大街小巷都能够看到比亚迪e6纯电动车的出租车在进行运营,说明比亚迪在2010年左右已经能够实现较大规模的技术储备,实现长期持续的经营,能够保质保量。王传福知道原本的汽油、变速箱、整车三大部件是国外技术垄断的方向,但是对于整个市场环境还相对较新的纯电动汽车和混动汽车,比亚迪和国外大厂是站在同一起跑线,同时比亚迪有自身全套的电子研发技术,这一点是其他大厂可能不具备的,所以加紧在这方面的投入,为日后的涅槃重生提供了必要的技术准备。

但2010年又是比亚迪非常不平凡的一年,8月份出现了比亚迪副总裁比亚迪汽车销售有限公司总经理夏治冰辞去比亚迪一切职务的传闻,他自己表述是个人问题,但是外界都猜测与比亚迪2010年、2011年销量问题与整改问题不无关系。在夏治冰辞职的当月,比亚迪内部爆发了一个巨大的裁员风波,比亚迪销售公司的员工人事调整达到70%。经历销量下滑和人员变动两大事件之后,2011年9月11日,中央电视台每周质量报告指出,比亚迪f3在多起交通事故当中,所配备的安全气囊均自动打开,没有起到保护性作用。车主与比亚迪公司及4S店进行协商,结果受到了强烈的推诿或者硬性对待,事情继续发酵。在三重事件的联合影响下,2011年的销量较2010年继续下滑,同比下滑超13%。但是好在企业结构内部的调整及时和热销车型结构变化,比亚迪汽车业务仍有240亿的收入,同比仍上升了5.55%,外界哗然。这确实是整改之后的重生之迹象。

对外车辆评估是比亚迪公司2012年开始进行的重大技术调整。比亚迪狠抓核心,将自己逼上创新之绝路,2012年的全部新车均享受4年或10万公里超长质保政策,这对整个汽车行业通行的两年或6万公里的质保政策来说算超前。比亚迪在2012年推出了重磅产品速锐,其亮点来源于动力配置,搭载了重新调整的1.5 T涡轮增压发动机,配备5速手动和6速双离合。同时在配置上实现了巨大的调整,配备了震惊业内的遥控驾驶功能,可以实现与实车10米之内的遥控管理,无论是车辆启动、前进后退、左右转弯、低速前进都十分领先且博人眼球。

除新产品之外,2012年还能看到比亚迪在电动车上面的巨大投入。2012年3月末,比亚迪和克莱斯勒各出资50%成立全新品牌,同时宣布双方在中国联合研发电动车的相关事宜,并于2013年车展上推出了首款试验车。虽然到目前为止,该品牌仅有此一款产品,但是可以看出比亚迪在整个产品布局上进行了大力调整。

但在2013年5月26日,比亚迪撞车起火事件爆发。一辆比亚迪e6电动车被一辆速度不低于180公里/小时的GTR跑车从左后部追尾,引起重力撞击后起火,这次事件又将比亚迪汽车推上了风口浪尖,其电动汽车的安全性饱受质疑。比亚迪对此积极公关,经过多方数月的质量调查,最终结果证明比亚迪动力电池符合国家相关标准,车辆设计并没有缺陷,起火原因是动力电池和高压配电箱受到严重撞击,导致高压配电箱的高压电路与车身接触形成短路,引燃了可燃物。虽然国家相关部门已经给比亚迪正名,但传统车辆与电动车辆均出现了销量下滑,然而比亚迪并未所动,继续在电动车领域进行持续发展。2012年7月,比亚迪拿下天津市武清区的新能源大客车大单,同年9月获得在云南推广电动出租车和电动公交车的权限。2012年11月,比亚迪铁锂电池生产基地获得了ISO/TS 16949:2009认证,这是中国品牌电动车动力电池行业的第一个ISO/TS 16949认证,为BYD电池的技术实力进行了有效背书。

(六)涅槃重生(2013—2017年):整改完成,初步解决沉淀问题

2013年初,王传福就曾表示比亚迪自2010年开始的为期三年的整改调整已经完成,将会在2013年开始进入腾飞的第二阶段,并表示此次腾飞并不是回到之前的快速扩张发展,而是稳步前进。从比亚迪制定的2013年销售目标就可以看出端倪。2013年销售目标为50万辆,增幅相较2012年为10%,已经完全放弃了简

单重复的扩张性增长时期,真正实现了理性发展。从上到下对于车辆评估的要求是整个整改的核心,由上到下的高压方式保证出产的每台车两年平均故障小于1个。与此同时逐步开始优化经销商的销售渠道,将过去的四大渠道整合为两个集中渠道,分别为蓝网和红网,其数量从1 200家整合至800家。隶属红网的经销商主要销售中高端车型,隶属蓝网的经销商主要销售相对较低端的投放时间较长的产品。其在产品宣传方面也有了明显的进步。通过宣传自主研发的涡轮增压发动机与双离合器变速箱的组合及混动、遥控远程驾驶、夜视系统监控,不断地展现自身技术储备实力。比亚迪还制定每年举办一次最新技术发表大会,博取了足够多的行业流量,此举从正向有效化解了前几年比亚迪的发展沉淀问题。比亚迪在2013年推出了一款名为"秦"的产品,这是一款具有实力的产品,可实现电动和混动两种模式切换,综合最大输出功率达到303马力,百公里加速时间小于6秒。这一系列的硬指标的确让它博得了眼球。同时比亚迪的广宣也得到了广泛加强,"秦战列国"的活动如火如荼地展开,让比亚迪这个自主品牌与各路性能车一较高下,虽然输赢参半,但比亚迪从中博得了相当多的流量。此后比亚迪的车辆性能日益提高,有些车型直接将加速尾数贴在车上,以显示自己强劲的动力。总之,此时比亚迪不管是在产品品控、宣传还是销售网络的管理上,都进入了一个全新的时代。

(七) 持续有效发展期(2018至今):政策加持,大步发展

颜值当道的现今,"整形风"仿佛已蔓延到汽车界。国产车"颜值"蜕变之路堪比整容,其中最为惊艳的当属比亚迪。比亚迪外观进化之路就是一条"开挂"之路,从曾经的"青葱岁月"到历经LOGO变换再到王朝概念车的亮相,比亚迪终于迎来了盛世美颜的时代。全新一代唐的DragonFace设计理念从"印象、科技、文化"三个维度,完美演绎了中国龙元素在全球审美潮流下的美学呈现。在高颜值外表下蕴涵着中国传统文化的包容与平衡的智慧。

由艾格主导的DragonFace设计理念在"宋MAX"和全新一代"唐"上的落地执行,不仅重塑了比亚迪的整体品牌形象,还将与比亚迪在营销、渠道、国际化布局等领域的革新形成协同效应,共同推动比亚迪在造车新时代的跨越。

在大多数人心中,比亚迪是一个比较矛盾的品牌,因为它的特点突出,缺点也非常明显,它是一个一开始就强调新能源且一直坚持到现在的汽车品牌,也是一个曾经产品质量让人揪心、品牌价值低廉的汽车品牌。在十年的发展中有过风光、也遇到过挫折,如今正处于逐步的恢复时期。不过面对中国汽车市场日趋惨烈的竞

争,比亚迪想达到"2015年中国第一,2025年世界第一"的目标,只解决了品质、渠道、媒体沟通等问题仍然还远远不够。

2019年新年伊始,一年一度的科技界盛会——国家科学技术奖励大会如期而至。在2018年度的获奖项目名录里,异形掘进机、林业病虫害防治、脑起搏器、遗传性耳聋基因诊断芯片、风沙灾害防治……鲜为人知的科技,有的解决了世界性难题,有的填补了国内空白,还有的达到了国际领先水平,它们将颠覆和超越进行到底,改变着国计民生。而始终坚持"技术为王,创新为本"的新能源汽车领军品牌比亚迪在本次大会上荣获"国家科学技术进步奖"二等奖。

据悉,此次获奖的"磷酸铁锂动力电池制造及其应用过程关键技术"项目由上海交通大学化学化工学院马紫峰教授团队完成,主要完成人包括马紫峰、廖小珍、张子峰、赵政威、丁建民、贺益君、杨军、尹韶文、何雨石、沈佳妮等,完成单位为上海交通大学、比亚迪汽车工业有限公司、上海中聚佳华电池科技有限公司和江苏乐能电池股份有限公司。

磷酸铁锂动力电池具有安全性好、循环寿命长、性价比高等优点。该项目针对磷酸铁锂导电率低、倍率性能和低温性能较差等问题,首创了单质铁原子经济性磷酸铁锂合成新反应;建成了多条万吨级纳米磷酸铁锂材料生产线;开发出磷酸铁锂动力电池制造新工艺,使其能量密度提升到175 Wh/kg以上;建立了锂电池荷电状态(SOC)和健康状态(SOH)精确预测模型。成果应用于比亚迪、华为、中聚电池和南方电网等企业,产品行销海内外。

从2004年开始,比亚迪、中聚电池等企业就参与到马紫峰教授的项目中,攻克技术难题,优化产品性能,构建了具有自主知识产权的磷酸铁锂动力电池技术体系,在新能源汽车和储能工程系统中得到了广泛的应用,实现了从"新合成反应"设计到"万吨级"生产。

此次获奖实至名归,是比亚迪在新能源汽车领域获得的又一项重要荣誉,体现了国家对比亚迪在新能源汽车领域核心竞争力及技术创新实力的肯定。

第九章 深圳创新发展的内在动力

深圳坚定不移地实施科技创新战略,全面扎实地开展科技创新工作,形成了引导支持科技创新的公共政策框架,形成了鼓励科技创新的社会氛围,建立起了以市场为导向、企业为主体、政府为主导、内地高校和科研院所为依托、国外研究开发机构为补充的开放型区域创新体系,区域科技创新取得了明显成效,以科技创新为特征的高新技术产业已成为第一支柱产业,战略性新兴产业实现跨越式发展。2017年,深圳高新技术产业产值达到了11 800亿元,比上年增长16.7%,高新技术产业增加值3 550亿元,占30.9%;互联网、生物医药和新能源三大战略性新兴产业产值增长38.1%,增速高于GDP增速两倍以上。2017年深圳科技创新优势更加突出,实现了"四个领先":全社会研发投入占GDP比重3.66%,居全国前列;PCT国际专利申请量连续8年居全国首位,PCT国际专利申请全球五强企业中,深圳占据了两个席位,国内发明专利授权量十强企业,深圳包揽前三,每百万人发明专利申请量排名全国第一;新一代移动通信、超材料、基因测序和基因组分析等技术全球领先;高新区单位面积产值、税收均居全国首位。深圳获2017年度中国十大创新城市第一名。科技创新,让深圳赢得喝彩和尊重。深圳科技创新的率先探索具有重要的经验启示。

一、面向世界市场是深圳自主创新的基础

深圳突破了国内自主创新长期实行的主流模式——科技成果转化模式,形成了以市场为导向的自主创新模式。深圳自主创新面向市场,创新活动的起点在企业,企业在产品开发过程中形成对技术的需求,并将这种需求向创新链的上游传

第九章 深圳创新发展的内在动力

递,通过产学研合作的方式实现创新的目标,表现出一种自下而上的方向性特征。当人们普遍认为创新资源的富集是创新取得成功的必由之路时,深圳通过新的创新模式突破了资源瓶颈,经过10多年快速发展,高新技术产业迅速崛起,成为深圳经济发展的第一增长点,自身创新能力得到大幅提升。1991年深圳高新技术产品产值仅22.86亿元,到2016年达到10 176.2亿元。在深圳,创新型企业家们总是一只眼盯着全球科技领域的最新动向,另一只眼盯着瞬息万变的国内外市场。

以华为、中兴通讯等为代表,深圳企业自主创新的重点、目标、主攻方向都是以市场需求为导向直接进行研究开发或通过产学研合作机制将研发成果转化为生产力,从而产生实实在在的经济效益、社会效益。中兴通讯是中国最大的通信设备上市公司,公司坚持以市场为导向进行技术创新,为客户不断创造价值,并引领全球通信行业技术革新。该公司在国内及美国、法国、瑞典、印度等地设有研发机构,瞄准技术前沿和市场需求,依托分布于全球的分支机构进行自主创新和服务,凭借不断增强的创新能力、突出的灵活定制能力、日趋完善的交付能力赢得全球客户的信任与合作,成为全球顶尖的电信设备商和通信终端厂商。

面向市场推动技术创新,对企业及大学和研究开发机构来说,是市场竞争的需要;从政府来看,在推动自主创新的过程中,树立面向市场需求的公共创新政策环境,大规模聚集创新资源,驱动创新经济大发展,充分地发挥市场机制在促进产业结构优化升级中的作用,是更好地支持引导企业转型及经济结构调整的需要。得益于支撑自主创新的市场经济基础框架,深圳吸引创新人才及资源不断聚集。十多年前清华大学校长助理冯冠平决定南下深圳发展,四年前华大基因研究所选择南下深圳安家,都是看中了深圳支持创新创业的开放、公平的市场竞争环境。借助开放的市场条件,一大批创新型企业,包括腾讯、朗科获得了风险投资的支持,并迅速成长起来,取得了公认的创新成果。

面向市场是深圳自主创新的基础,开放、公平的市场促进了深圳自主创新活动的全面跃升。

二、企业主体是深圳自主创新的关键

在适应科技进步和产业调整升级的过程中,作为市场主体的企业自然能够直接认识到技术创新的极端重要性。

在深圳,许多企业积极开展自主创新,选择合适的技术轨迹,明确技术创新过程中要解决的靶子问题,广泛搜寻具有相似技术创新认知和追求的潜在伙伴,集聚创新资源,培育企业技术创新与社会合作者之间的利益联盟,构建起技术创新的社会运行条件,形成企业内外良好的微观治理机制,有效地推进企业实施自主技术创新,使自主创新的微观主体——创新型企业得以大规模成长和发展,取得很好效果。华为、中兴成为全球一流的通讯设备制造和服务企业,比亚迪在新能源、新能源汽车领域具有强劲的自主创新能力。

2016年度美国《商业周刊》评选的全球科技企业百强榜中,比亚迪位居首位,腾讯排名第三;根据国家知识产权局公布的2016年发明专利授权量排行榜,在副省级城市排名中,深圳以9 615件的绝对优势位居第一,在获得发明专利授权的十强企业中,深圳占了一半,华为、中兴、富士康(鸿富锦)位居前三,另外两家是比亚迪、腾讯。华为、中兴、比亚迪、腾讯、华大基因等一批跨国企业(机构)的崛起,鼓舞和带动了3万多家创新型中小企业的生长和发展,它们共同组成了自主创新的主体群体。深圳的自主创新由企业挑起大梁,探索出一条以企业为主体、以市场为导向、以产业化为目的、产学研相结合的自主创新成功道路。作为市场主体的深圳企业同时成为创新主体是深圳自主创新的关键,90%的创新型企业是本土企业、90%的研发人员在企业、90%的科研投入来源于企业、90%的专利产生于企业、90%的研发机构建在企业、90%以上的重大科技项目发明专利来源于龙头企业,这组为人们所熟知的数据集中体现了深圳自主创新的最显著特点。企业作为自主创新主体,最清楚哪个环节、哪个方面需要进行创新,科技项目的选题更容易与市场贴近,更容易与生产贴近,更容易与推广应用贴近。

在市场竞争的环境中,只有企业主体把科技创新当作经济活动——一个由科学技术进步支撑、科学技术应用创造价值的经济活动,才能最大化地不断将创新要素转化成经济发展的内生要素,变成实际的社会生产力。

三、产业转型升级是深圳自主创新的动力

深圳自主创新模式可以划分为宏观、中观和微观三个层面,宏观层面是指区域创新体系,中观层面是指产业(创新)转型升级,微观层面是指以企业为主体的技术创新活动。

区域创新体系主要为自主科技创新及产业转型升级提供宏观体制基础,产业转型升级是现代产业技术创新及企业技术创新重要的中观运行机制,企业技术创

第九章 深圳创新发展的内在动力

新活动是实现区域创新体系及产业创新升级的微观运行机制,三个层面之间相互作用,相互联动,形成整体运行态势。其中,产业转型升级(包括产业集群、产业技术创新)涉及企业战略、结构和竞争,创新要素、市场需求条件,以及相关的支持性产业等构成性因素,每个构成性因素与企业技术创新活动直接相关,彼此之间形成相互支持、功能协调的紧密联系,形成密切的产业协作与知识网络,促使企业不断提高创新能力。

通过产业转型升级带来的机会和政府积极作用,产业转型升级与区域创新体系也直接相关联,促进区域创新体系包括核心技术研究开发机构等的配套完善,反过来,区域创新体系又为产业转型升级提供知识生产、使用和扩散的宏观机制。30多年来,深圳成功经历了从传统产业为主导到高新技术产业为主导的转变,从生产经营的小型化、粗放化、分散化到规模化、集约化、集群化的转变,从委托加工到自主生产和自主研发的转变,三次产业转型升级不断促使深圳自主创新深入发展。

深圳创造性地设立了以清华大学、北京大学、哈尔滨工业大学等国内外知名大学为成员院校的"深圳虚拟大学园",吸引扶持院校在深圳设立公共研发机构;本土的自主创新型企业也大规模成长,具有自主知识产权的高新技术产品产值持续快速增长,使自主创新活动实现了质和量的跃升,使得高新技术产业迅速发展成为第一支柱产业。1994年,深圳高新技术产品产值首次突破100亿元;2000年,深圳高新技术产品产值首次突破1 000亿元,其中一半以上拥有自主知识产权;2016年,深圳高新技术产品产值又突破1万亿元,占工业总产值的53%,增加值占GDP比重为32.2%,其中具有自主知识产权的产品产值达到60%以上。生物、互联网、新能源三大战略性新兴产业增速分别达到30%、47%和35%。近年来,深圳十分注重发展战略性新兴产业,率先出台一系列战略性新兴产业振兴发展规划及配套政策,重点发展生物、互联网、新能源、新材料、新一代信息技术和文化创意等战略性新兴产业,进一步大力推动产业转型升级。2010年深圳共安排财政资金16.6亿元,支持694个生物、互联网、新能源三大战略性新兴产业重点项目。加快战略性新兴产业基地和集聚区建设,重点布局12个战略性新兴产业基地,打造11个产业链关联效应明显的集聚区,依靠产业集群及转型升级这一引擎,建立在比较优势基础上内生的战略性新兴产业为深圳新的经济增长点。

根据新结构经济学原理,产业结构升级与科技创新之间具有内在的因果联动关系,高端产业链与创新价值链之间紧密互动,创新资金、科技人才、新型研发机构的富集,势必驱动深圳自主创新迈向核心技术创新的新阶段。

四、率先形成创新体系是深圳自主创新的环境

区域创新体系的主要构成性因素包括企业间的组织、关系,研发强度和研发组织,财政制度安排,公共部门的作用,其主要功能是为自主创新整体运行提供宏观体系环境。在自主创新主导战略的实施过程中,与传统产业演进不同,更需要强调改善高新技术产业与区域创新体系之间的整体相关性,使得区域体系创新能力的提高与高新技术产业的成长和升级相匹配,为企业技术创新不断深化发展提供支撑环境。

深圳在坚持强化企业主体地位、完善高新技术产业链的基础上,紧密结合自主创新的需要,大力建设高新技术公共技术平台,大力培育科技孵化体系,完善自主创新服务体系,推动区域创新体系不断完善、优化。深圳特色的高新技术公共技术平台,由政府、企业、高校、行业组织等多元主体投入,市场化机制运作,面向社会开放,服务中小企业,为研究开发产业共性与关键性技术、提高本地区自主创新能力提供了的公共创新平台环境。市科技主管部门在市科技发展资金中安排专项资金,还支持建立了高新技术产业的共性技术和关键性技术的专业公共技术平台,为解决产业发展的重大技术瓶颈提供平台环境。深圳科技企业孵化器建设遵循多元化、专业型、互动式的发展思路,支持海内外企业、高校、科研院所、行业协会及其他投资主体创办多元化科技企业孵化器,鼓励创办针对不同对象和不同行业的专业型科技企业孵化器,促进政府、高校、企业及各类孵化器之间的互动式发展,市软件园、国家集成电路设计深圳产业化基地、集成电路设计服务平台、生物孵化器、留学生园和深圳虚拟大学园、国家大学科技园等为自主创新提供了培育科技创新创业源头的体系环境。

目前,深圳陆续布局建设了51个公共技术服务平台、94家重点实验室、105家工程研究中心、100家企业技术中心和30多家科技企业孵化器,不断补充、补足区域创新体系的"短板"。深圳自主创新公共服务体系也得到了完善,进一步优化了深圳自主创新配套环境。深圳在完善自主创新服务体系方面,建立了科技成果评估、交易、仲裁等配套服务的科技中介机构,大力培育创业投资市场、技术产权市场,建立健全风险投资体系,形成了技术、资本与产业无缝对接机制,有力地促进了自主创新。

深圳实现了以市场为导向、企业为主体、产业化为目的、公共研发平台日益壮

大、政产学研资介相结合的区域创新体系,在坚持和发挥微观主体充满活力的体制机制优势上,使自主创新活动的规模和质量有了新的突破,技术平台和条件平台的规模和水平上有了新的突破,有力地支持了深圳自主创新从主要依靠优惠政策向着力营造创新环境转变。

五、政策大力引导是深圳自主创新的保障

由于自主创新是一种具有很高外部性的经济活动,仅靠市场很难使创新活动达到社会公共需求的最优水平。因此,政府必须发挥积极作用,突出重点,紧抓创新战略导向、政策设计实施,主动地为企业自主创新提供良好保障条件。

一是长期坚持科技进步和创新的发展战略导向。深圳在发展高新技术产业和推进自主创新的历程中,曾经历过两次严峻考验。一次是 1992 年前后,深圳市做出了发展高新技术产业的决定,开始限制"三来一补"企业,大批企业外迁。深圳的决策者顶住压力不动摇,出台了《关于推动科学技术进步的决定》,确立科教兴市的战略,在资源配置方面真正向科技教育倾斜,切实推动深圳的科学技术进步,加速科技成果向现实生产力的转化。之后又出台了《关于进一步扶持高新技术产业发展的若干规定》,加大对高新技术产业发展的扶持力度,使深圳成为我国高新技术产业开发生产的重要基地。另一次是 2000 年前后,外资投入热点开始从"珠三角"转向"长三角",外资进入深圳的趋势减缓,发展面临巨大压力。此时,深圳决定从提供优惠条件转向营造创新环境,出台了《关于完善区域创新体系,推动高新技术产业持续快速发展的决定》,鼓励本土企业掌握核心技术。2006 年初,深圳市委市政府又把自主创新从科技产业发展战略提升为城市发展的主导战略,决定创建国家创新型城市。正是由于坚持科技进步和自主创新的战略导向不动摇,才使得深圳高新技术产业成为深圳经济发展的第一支柱产业,自主创新能力不断提高。

二是不断完善公共创新政策体系。2006 年 4 月,深圳市 18 个部门推出有 20 项具体内容的一系列自主创新政策,通过改革政府资源配置方式、优化流程等具体措施,在创新机制、政府采购、财政资助、人才教育、技术标准、知识产权、公共服务等方面形成协同一致的创新激励政策,有力保证政府资源和公共服务向自主创新型企业倾斜。2008 年,深圳出台国内第一部关于创建创新型城市的系统性规划《深圳国家创新型城市总体规划》,成为全市实施自主创新主导战略的行动纲领。2009 年,深圳又密集推出 LED 产业、互联网产业、新能源产业、生物产业的振兴发

展规划和配套政策,面向未来培育新兴高新技术产业链,优化高新技术产业结构。为帮助企业有效运用知识产权战略开拓海外市场,近年来,深圳还连续出台了《企业知识产权海外维权指引》《深圳中小企业发展初期知识产权指引》《深圳中小企业成长期知识产权指引》等一系列指导性文件。在2005—2009年的4年时间中,深圳出台了50多个鼓励创新的政策、法规,包括《深圳经济特区科技创新促进条例》《关于加强自主创新促进高新技术产业发展的若干政策措施》《关于加强高层次专业人才队伍建设的意见》《深圳市创新型产业用房建设方案》和《深圳国家创新型城市总体规划实施方案》。目前,深圳已经形成了包括促进高新技术产业发展、区域创新体系建设、国家创新型城市建设以及战略性新兴产业发展在内的比较完整的公共创新政策体系。

深圳政府部门定位准确,尊重客观实际,通过战略及政策大力引导企业进行创新,选择符合市场经济规律、创新规律要求和科技进步的发展路径,建立健全区域创新体系,优化完善创新环境氛围,有效保障了深圳特色自主创新道路的成功探索。

深圳市政府和社会各界坚持把自主创新作为科学技术发展的战略基点,作为转变经济发展方式的中心环节,作为建设国家创新型城市的主导战略,自主创新的成效日益显著,高新技术产业产品产值、PCT国际专利申请量、企业技术创新能力、科技创新政策环境等指标连续多年居全国大中型城市前列,领先一步闯出了一条自主创新的成功道路。30年前,深圳是全国改革开放的排头兵,30年后,深圳成为全国自主创新的先锋城市。

第十章 深圳创新发展的外部推力

一、产业政策助推深圳创新发展

1995年7月,深圳市明确了以高新技术产业为先导的转型战略,开始实施一系列支持高新技术产业发展的政策措施。1997年9月,明确提出创建科技风险投资体系。1998年11月,正式启动风险投资立法程序,以法律形式确定了知识产权可以成为股权资产。2000年10月启动将《创新投资暂行规定》上升为法律的立法程序。2003年深圳市人大常委会通过《深圳创新投资条例》,其中若干重要理论与前瞻性制度突破,为深圳创新投资产业发展奠定了法律基础,为2005年国家发改委等十部委颁布的《创业投资企业管理暂行办法》提供了有益的立法借鉴。2012年9月,深圳市正式对外颁布了经过缜密修订的《深圳经济特区创业投资条例》。

2006年深圳提出了一个影响深远的口号,支持"非共识创新"。这是一个充满哲学含义的口号,也是曾经引发质疑的政策主张。面临的挑战是政府支持非共识创新的依据是什么。共识一定不是创新,人类历史上所有的重大科学发现和产业技术创新大都经历了从被怀疑到成为共识的过程。创新不是所谓灵光一闪的神话,一定要符合科学发现的一般规律。政府不能确定谁能创新成功,更不能指定谁是创新者,但可以引导创新者和企业认知产业技术创新的科学基础,遵循创新的科学规范,把握相关领域的创新进展,以及了解前人曾经进行过的创新探索,无论是成功还是失败,明确未来可行的技术路线。在市场竞争条件下,合理的政府行为是明确要支持的科学研究和产业创新方向,以及对创新团队进行既有成果和有效组织等多方面的创新能力评估。确定方向和评估创新能力与指定优胜者之间的最大差别在于,创新是基于市场竞争和有效激励的市场主体行为,通过企业进行运作将加强发挥市场在资源配置中的基础性作用,更好地发挥政府作用,建立完善的微观调控体系,让市场经济判断真正的成功者,只有这样才有可能更好地发挥政府作用。自2006年以来,深圳持续耐心细致地探索建立鼓励创新的环境,制定合理有效的支持创新的政策和规则,创造一个科学家与创新企业双向依赖的评估体系。创建湿地效应与支持战略性新兴产业的发展。经济活动的湿地就是公平、公正、公开的市场竞争环境,只要政府不伸手拉偏架,市场竞争就可以决定谁是创新的优胜者。市场竞争中不会存在永远的创新优胜者。深圳制定并实施过一系列卓有成效的产业政策,在推动产业转型升级中发挥了重要作用。以产业规划为基础的产业政策是与市场机制相容共生,产业依照市场原则转型升级发展。2010年深圳提出了"深圳质量"的转型发展理念,制定了更加严格的限制性产业发展目录,实施了更加积极的集约性发展政策,产业结构调整中企业快速外迁。2013年深圳推出了生命健康产业规划及相关产业政策要点,其中明确提出,要建设干细胞库等重大医疗基础设施,建立个体化细胞治疗的临床疗效与安全性评价体系。2018年深圳已经先后完成了干细胞库及全国首家免疫细胞质量检测实验室的建设。细胞技术的创新不可能从实验室技术跨越中间工艺、质量控制用到人身上的。细胞产品必须经过监管审批,要有严格的第三方质量检定。美国食药监管局和我国药监局都明确规定,细胞产品应用必须有严格的质量检测:一是细胞类型和来源的检测;二是安全性检测,细胞来源是否有传染病,制备过程是否有污染;三是有效性检测,细胞作为药物的一种,临床使用能否实现治疗的目标。我国细胞产业发展已经明显落后于美欧日,细胞产业发展中缺失细胞制备标准和质量标准是重要原因。从中可以看出,有效的产业政策可以加快弥补产业发展过程中的关键性短板,只要不违反竞争性获得资源的市场原则,产业政策有利于发挥市场机制的资源配置作用。

二、中央政府的顶层设计

国家创新能力是由国家组成单元——城市的创新能力综合体现,城市综合能力强弱的一个重要评价指标就是城市创新能力。随着创新驱动发展战略提升为国家发展的核心战略,建设成为创新城市成为众多城市的发展目标。

第十章 深圳创新发展的外部推力

从城市发展基础和经济实力上判断,北京、上海、广州、深圳这四个城市在建设创新型城市方面优势更明显、步伐更快,将成为中国实施创新驱动发展战略的排头兵。北上广深在差异化发展的同时,应取长补短、互相学习,实现优势互补。一是四大城市应立足自身优势,充分利用创新资源,构建符合资源禀赋优势的创新型城市科技产业发展战略,营造创新文化。二是从创新型国家建设角度出发,北上广深因其重要的区位优势,其发展关系国家发展大局,其中,北京、上海以提高科技成果转化率为目标,发挥高校和科研院所优势,整合技术人才资源,改进技术与产业融合模式,在发展自己的同时,增强了对各自所在京津冀、长三角地区的辐射能力。而广州、深圳应利用地缘优势,实现优势互补、紧密抱团、共谋发展。建立创新生态圈,探索双方在创新方面的深度合作,提升整个珠三角地区的协同创新发展能力。

市场是主导,企业是主体、法治是基础,政府是保障。深圳从简单装配分工到专业化生产分工,从大规模制造到研发创造的连续转型升级,使企业面临着巨大的市场竞争压力,有不创新就会被淘汰的压力,也有创新失败要被淘汰的压力。企业往往无所适从,这就需要政府在提供创新的公共产品方面发挥保障作用。政府提供发挥保障作用的公共产品清单很长,但核心要点却极为明确:

一是鼓励企业创新,推动科学创新中心与产业技术创新中心的超空间合作。深圳的创新研发人员90%在企业、研发机构90%在企业、研发资金90%源自企业、申请的专利90%由企业创造。深圳市政府在20世纪90年代就开始并且始终不渝地坚持鼓励、支持和资助企业建立研究开发机构,推动企业广泛与大学、研究机构建立长期的研究开发合作关系。这是2004年以来,深圳国际专利申请爆炸性增长的重要制度性因素。现在深圳每申请100件国际专利,有12件是与北京合作完成的。因为北京,深圳成长为全球瞩目的产业创新中心;因为深圳,北京的科学发现成为产业技术创新的前沿理论基础,科学创新中心地位进一步强化。

二是推动市场主导的企业创新。以北京为代表的来自全国甚至全球的科研创新成果,如何与深圳企业创新活动融合,或者说北京的科研成果为什么大量进入深圳,而不是其他城市?核心不在于政府行为的差别,而在于政府行为差别产生的市场主导的创新结果差别。科学研究成果的产业化发端于合理市场定价的"惊险一跃"。知识就是力量,个人知识产权的收益高会激励更多的知识发现,但企业要降低创新成本和风险,就会希望支付更低的知识产权费用。瓦尔拉斯"拍卖式"的市场均衡无法解决知识产品定价问题。事实证明,政府无法给高风险和高不确定性的创新活动定价,这是专业化创业投资产业集群的使命。从世界范围看,创新活动活跃的区域是创业投资最为集中的区域。中国大陆创新投资最为活跃的城市是北京、深圳和上海。

三是创建创新的法治基础。市场经济的本质是合约体系,法治是创新依赖的最重要的公共产品。合法签订合同且合同能够有效执行,市场经济才可以运行。没有了合同与合同的可执行、可公平执行就不可能产生广泛深刻的创新活动。因为假如一个企业创造了知识产权,另外一个企业抄袭模仿却不受到惩罚,就不会有企业愿意创新。合同的履行要以法治而不是政府行政管制作为基础。政府消除行政垄断的行为是对创新的最大支持。有问题找市场是法治,有问题找市长就会引发政府的不当干预。深圳政府积20年之力建立了完善的创业投资和股权投资体系,形成了可实施有威慑力的知识产权保护制度,充分地发挥市场经济在资源配置中的决定性作用。

三、地方政府的产业政策

深圳市政府在构建整个综合创新生态体系的过程当中,下了很大功夫,尤其从产业政策方面给予极大的支持。建立创新生态体系是以政府引导为前提,以创造一个相对良好的创新创业环境为市场基础,以现有的企业主体为根本,让高度的市场化推动整体前行,从而完善整个创新创业生态链。从"以开放促改革"到"以双创引致改革",这个是深圳改革发展的一个浓缩,也是一条现实的道路,这个道路是具有历史性的,也具有很重的内涵,体现了这座新兴城市的精神与内涵。在最初所能够获得的政策洼地的效应逐渐丧失之后,深圳开始使用创新模式获得发展。深圳摸着石头过河,用发展促改革,吸引外资,鼓励创新创业,让民营经济成为深圳的经济主体,通过建立外向型经济的方式将资本资源整合之后,以产品的方式输出海外,这样能够获得其他的生产和销售渠道,能够保证产品的有效输出,能够保证获得市场的广泛认可,能够保证资金的充分流动。深圳政府不只使用产业政策导向进行支持,还瞄准了特定的领军产业。气候变化和节能减排已经成为政府首要考虑的因素。深圳发展改革委员会作为深圳市政府最重要的部门,受副市长监督,管理城市建设,缓解气候变化,实施清洁发展措施。尽管深圳有世界上数量最多的电动汽车,但近年它又增加了2 000多辆电动车(1 300辆电动公交和700辆电动出租车)。所有这些车都通过一个补助项目购于当地电动车生产商比亚迪。政府给像比亚迪这类企业的主要支持说明了政府与市场间的相对地位和紧密联系。改革开放40年来,整个经济发展的背后是深圳政府产业政策一大有效的方式。深圳努力希望做到的一件事情就是从大无畏精神出发,加强区域内部管理,政府放权,将现有的资源支持让给企业去做,让给更多具有引领精神的企业家去执行。深圳在行政体制和机制方面大刀阔斧地进行改革,为创新创业在制度性方面减少障碍,提供更多的制度性保证,由服务型政府向授权型政府转变,这一点是整个产业政策的核心。地方政府用非常具有包容开放自由的文化态度、城市思维去鼓励支持任何性质和规模的市场经济主体开展自己的创新创业活动。这些都是深圳政府为这片土地上的企业与创业者提供的产业政策。

四、国家战略与深圳发展

一座城市,高度浓缩一个时代精华;一个政党,引领开辟一条康庄大道。深圳这个地方就如同施展了法术,在不到40年的时间里,从一个默默无闻的边陲小镇到拥有2 000万人的现代化国际都市,奇迹般崛起于中国南方,绽放夺目光彩。

是什么造就了深圳?

是改革开放的浩荡春风,是改革开放释放的强大活力,让深圳焕发出前所未有的生命力,这有力地证明了中国特色社会主义一定会越走越宽广。深圳近40年梦幻般的崛起,用铁一般的事实昭示了中国共产党人的伟大觉醒,印证改革开放是坚持和发展中国特色社会主义的必由之路。位于深圳南头半岛的前海,被称作"特区中的特区",近5年每年平均诞生超过3万家企业,成为新一轮改革开放的先行先试者。

"就是要到在中国改革开放中得风气之先的地方,现场回顾中国改革开放的历史进程,将改革开放继续推向前进。"2012年12月7日,习近平总书记在党的十八大后首次离京考察就选择广东,首站即来到深圳前海。"我国改革已经进入攻坚期和深水区""敢于啃硬骨头,敢于涉险滩",在这片改革前沿地,习近平总书记向世人宣示了"改革不停顿、开放不止步"的坚定信念。站在新时代新起点,在迎来改革开放40年的2018年全国"两会"上,习近平总书记在参加广东代表团审议时,又明确提出"以更宽广的视野、更高的目标要求、更有力的举措推动全面开放,加快发展更高层次的开放型经济"。

改革开放,是深圳实现跨越式发展的"基因",也是读懂一个国家、一个民族实现命运伟大转变的"密码"。前海与蛇口分居深圳南头半岛两侧,历史在这里激荡交汇。

40多年前,建港填海的"开山炮"率先在蛇口炸响,诞生于晚清洋务运动中的百年招商局,创办了第一个出口工业加工区,成为经济特区创立的探路者。

1979年3月5日,国务院正式批准广东省宝安县改设为深圳市。把靠近香港的深圳镇作为城市的名字,意味着它从诞生之初就要对标香港,对标国际一流城市。

1979年4月,广东省委提出,希望中央能根据广东紧靠港澳、华侨众多的特点,给予特殊政策,在深圳、珠海、汕头建立出口加工区。这一设想得到了邓小平的大力支持。

邓小平说:"可以划出一块地方,就叫作特区。陕甘宁就是特区嘛!中央没有钱,可以给些政策,你们自己去搞,杀出一条血路来。"回望革命战争年代,陕甘宁特区犹如精神灯塔,为夺取革命胜利、建设新中国立下了不可磨灭的功勋;进入改革开放时代,特区精神穿越时空、一脉相承,改革之火燃遍神州,大地处处万物复苏。

1980年8月26日,第五届全国人大常务委员会第十五次会议批准设置经济特区,并通过《广东省经济特区暂行条例》,经济特区在中国正式诞生。有外电惊叹道:"中国大变革的指针正轰然鸣响"。历史的鸿篇巨制一旦开启,每一页都是崭新的。"特区是个窗口,是技术的窗口,管理的窗口,知识的窗口,也是对外政策的窗口。"1984年,邓小平首次来到深圳,为经济特区的发展和全国改革开放指明了方向。这是激情燃烧的岁月——从小岗到深圳,从农村到城市,从沿海到沿边,改革开放大潮席卷祖国大江南北;这是令人振奋的时代——继深圳、珠海、汕头、厦门4个经济特区设立后,1984年宣布14个沿海城市对外开放,1988年海南改制为省并划定为经济特区,1990年宣布开发浦东……星罗棋布的一座座城市、一个个特区,勾勒出中国改革开放的大棋局。经济特区的尝试率先在蛇口工业区2.14平方公里的土地上疾行。时任蛇口工业区负责人的袁庚在企业管理干部培训班开学时如此表示:黄埔军校是"不革命者不入此门",这里是"不改革者不入此门!"继蛇口工业区之后,罗湖区也打响了战役,大规模的城市开发和建设全面铺开。1985年上半年,罗湖城区已建起60栋18层以上的高层楼宇,当年底竣工的国贸大厦,更是

第十章 深圳创新发展的外部推力

以"三天一层楼"刷新了中国建筑史上的新纪录,成为"深圳速度"的象征。"人民,是看实践。人民一看,还是社会主义好,还是改革开放好,我们的事业就会万古长青!""市场经济不等于资本主义,社会主义也有市场。"1992年春天,邓小平再次来到深圳,发表一系列重要讲话,给中国带来了又一个思想解放的春天。1992年10月,党的十四大明确提出"我国经济体制改革的目标是建立社会主义市场经济体制"。截至当年,共建立了包括339个市县、3亿多人口、50万平方公里的对外开放地区,打开了全方位、多层次、宽领域的对外开放新局面。"改革开放近40年,中国最引人瞩目的实践是经济特区。全世界超过4 000个经济特区,头号成功典范莫过于'深圳奇迹'。"英国《经济学人》这样评价。铁一般的事实,昭示着改革开放是当代中国发展进步的必由之路。

生产力得到如此大的释放,是中国深圳得到中央政府和党重要的重大支持。深圳GDP从1979年的1.97亿元上升到2018年的3.1万亿元,仅次于北京、上海,已与曾经差距无比巨大的香港相当。与当年的"逃港潮"形成对比的是,越来越多的香港人如今选择在深圳创业定居。城市面貌变化翻天覆地。深圳当初最高楼仅有3层,如今超过100米以上摩天大楼已有近1 000栋,道路里程超过6 000公里,地铁通车里程297公里,拥有近千座公园,被誉为"公园之城"。

党的十九大以来,深圳市始终牢记习近平总书记的谆谆嘱托,扎实践行新发展理念,坚持改革不停顿、开放不止步,加快打造现代化国际化创新型城市。过去5年,深圳GDP年均增长仍接近9%,跻身全球城市30强,不断在高质量发展中发力,发展动力持续增强,百姓福祉稳步改善,城市文明进一步提升,绿色发展特质更加凸显,在新时代新征程中不断迈上新台阶。

深圳的发展史,就是中国共产党团结带领亿万人民群众掀起波澜壮阔改革开放大潮的实践明证;深圳的发展史,就是中国共产党团结带领亿万人民群众开辟中国特色社会主义道路的生动写照。改革开放40余年,回望深圳、回望中国这段不凡的历程,更加深切体会到改革开放对于迈入新时代的中国,既有深刻的历史意义,又有深远的未来昭示。"只有社会主义才能救中国,只有改革开放才能发展中国、发展社会主义、发展马克思主义。"——习近平总书记作党的十九大报告中的这句话,既是时代的宣示,更是人民的心声。

改革开放40年之际的2018年3月15日,深圳规划国土海洋官方发布"深圳市海洋新城城市设计国际咨询预公告",公告显示:深圳市海洋新城(大空港半岛区)是继前海之后深圳获得的又一个承载国家战略的稀缺性增量发展空间。为充分实现海洋新城战略价值,高标准建设海洋新城,深圳市规划和国土资源委员会(市海洋局)主办,深圳市特区建设发展集团承办,开展深圳市海洋新城城市设计国际咨询,将以国际化视野、前瞻性思维、创造性设计,指导片区高水平规划、高标准建设。

深圳海洋新城或许将成为超越后海总部基地、留仙洞总部基地、深圳湾超级总部基地,直追前海自贸区的又一重磅的规划新城!这是国家战略与地方实践的再一次重大结合,海洋新城位于大空港规划区西北部,北起茅洲河口,东面与大空港新城启动区国际会展中心相邻,南侧紧邻宝安综合港区一期工程,西至交椅沙,规划面积约7.44平方公里。

海洋新城位于大空港规划区西北部,这似乎是大空港区域的拓展部分,也是深圳面对珠三角入海口的新支撑点。就规划面积而言,7.44平方公里的海洋新城相当于前海的一半,可以说如果高规格重点打造,这里将会成为浓缩版的"前海"。重点是,海洋新城将与前海蛇口自贸区、大空港新城启动区、滨海湾新区等贯穿连接起来,形成一条近40公里长的经济海岸线。

与此相似的时间,"粤港澳大湾区"的概念从2017年被提出,在2018年备受关注,而在今年的深圳"两会",再一次成为了热议的高频词汇,从概念到落地,到推动建设,打造深港组合交通枢纽,开展面向未来的深港跨界设施规划;推动内地与港澳交通设施衔接;开展粤港澳大湾区融合法律衔接研究;争取在深设立人民银行南方总部,把专业服务业作为大湾区融合发展第一抓手,推动成立大湾区专业服务联盟……在"互联""互通""互融"等方面,又是具有历史性的中央与地方的战略大抉择。粤港澳大湾区已提升为国家战略,叠加"一带一路"倡议及建设国际性综合交通枢纽、国际航空枢纽、国家铁路枢纽等诸多重大战略和政策利好,深圳必须主动谋划机场、港口、对外通道等重大交通基础设施建设,发挥粤港澳大湾区核心城市辐射带动作用,积极促进湾区交通互联互通。

40余年的发展回首相望,深圳毗邻香港,凭借土地、人工成本低等优势,从"三来一补"起步,进入加工制造快车道。随着劳动密集型的"三资"企业从香港不断涌入,至1985年底,深圳已有"三资"企业1 075家。彼时,深圳开始战略调整,将重点转向大力发展外向型经济,进一步扩大招商引资,发展出口企业,创建保税区,拓展远洋贸易。至20世纪80年代末,深圳已初步形成外向型经济格局。1993年,深圳

第十章 深圳创新发展的外部推力

进出口贸易总额已居全国第一。

改革开放成就了深圳。敲响了土地拍卖"第一槌"、发行新中国第一张股票、建立第一个出口工业区……从1979年到1984年短短5年间,仅深圳蛇口一隅就创造24项"全国第一"。而深圳建市40年来,共创造了1000多项"全国第一"。

改革激生活力,开放提升格局。随着经济实力的增长,深圳"走出去"战略越迈越开。尤其是进入新世纪后,深圳积极应对经济全球化挑战,主动实施境外投资、对外承包工程和劳务合作、对外经贸交流等。

深圳不仅对外出口华为手机、比亚迪汽车、大疆无人机,还帮助发展中国家建港口、修地铁。深圳地铁是中国内地第一家将轨道交通运营管理经验输出到非洲的地铁公司。截至2018年底,深圳连接21世纪海上丝绸之路沿线国家的集装箱班轮航线已达200多条;国际客运航点41个,覆盖20个国家。全球已有55个国家88个城市(地区)与深圳建立友城关系。从"引进来"到"走出去",从农业县到"世界工厂",从中国经济特区到全球创新之都,开放的深圳,被英国《经济学人》杂志描述为"全球4300个经济特区中最成功的一个",成为国际社会观察中国改革开放的重要窗口。

在战略调整和制度创新作用下,1996年9月,深圳市高新技术产业园动工。1999年,从"荔枝节"脱胎而来的首届"中国国际高新技术成果交易会"举办,从此以高新技术产业为主导的深圳发展迅猛。到2000年,深圳计算机磁头产量已居世界第三位。在产业升级过程中,深圳采用的是主动转型而非被动转型的方式,不是要等到产业败象已露或衰落已成定局时转,而是在该产业仍兴旺时就着手部署升级转型,布局新的替代产业。进入21世纪,深圳喊出"自主创新"的口号,更是前瞻性地提前制订产业规划,重点发展计算机、通信、微电子及新型元器件、机电一体化、新材料、生物工程、激光七大高新技术产业,全面调整优化经济布局。2008年全球金融危机爆发,深圳高度外向型的经济模式面临着严峻挑战。基于此,深圳启动战略性新兴产业布局,次年率先着手布局生物、互联网、新一代信息技术、新能源、新材料、文化创意、节能环保等七大战略性新兴产业。紧接着,深圳又着手布局生命健康、海洋经济、航空航天和智能装备制造四大未来产业。

深圳的科技创新快速发展得益于制度保障。制定全国首部国家创新型城市总体规划,出台深圳国家自主创新示范区发展规划纲要,打造对内可循环、可持续,对外具有强大集聚效应的综合创新生态体系……深圳建市40年来,一系列政策措施陆续出台,深圳市委、市政府一步步引导企业和产业走向价值链、产业链的中高端。

粤港澳大湾区建设,是深圳建市40年节点上的大机遇。习近平总书记对深圳工作重要批示要求,"抓住粤港澳大湾区建设重大机遇,增强核心引擎功能,朝着建设中国特色社会主义先行示范区的方向前行,努力创建社会主义现代化强国的城市范例"。

2019年2月18日发布的《粤港澳大湾区发展规划纲要》,也对新时期的深圳做出明确定位:发挥作为经济特区、全国性经济中心城市和国家创新型城市的引领作用,加快建成现代化国际化城市,努力成为具有世界影响力的创新创意之都。

一座城市独特的要素禀赋,决定了这座城市在区域经济中独特作用的彰显与发挥。深圳在粤港澳大湾区发展中担负着重大使命,不仅是四大中心城市之一,还要发挥区域发展的核心引擎作用,同时也要发挥深圳作为经济特区、全国性经济中心城市和国家创新型城市的引领作用。

参考文献

[1] 汪云兴.深圳创新要补齐科研与人才短板[J].小康,2018(23):6.

[2] 何国勇.深圳建设国际科技、产业创新中心研究:硅谷的经验与启示[J].城市观察,2018(2):105-121.

[3] 许鲁光.深圳建设创新型城市的实践与思考[J].特区实践与理论,2017(06):101-105.

[4] 王江平,高文,吴达.《2015中国创新城市评价报告》述评[J].天津科技,2016,43(09):87-90.

[5] 辜胜阻,杨嵋,庄芹芹.创新驱动发展战略中建设创新型城市的战略思考——基于深圳创新发展模式的经验启示[J].中国科技论坛,2016(09):31-37.

[6] 段杰,黄贤俊.基于空间计量的广东省技术创新与知识溢出效应[J].深圳大学学报(理工版),2016,33(4):367-376.

[7] 尤建新,卢超,郑海鳌,等.创新型城市建设模式分析:以上海和深圳为例[J].中国软科学,2011(7):82-92.

[8] 张厚明,张燕.变比较优势为竞争优势 以制度创新促科技创新:深圳建设创新型城市的经验与启示[J].中国市场,2010(13):60-61.

[9] 简兆权,刘荣.建设创新型城市的深圳模式研究[J].科技管理研究,2009,29(11):1-4.

[10] 张士运,李功越,刘好,等.北京、上海、深圳三市创新大比较[J].科技智囊,2007(1):22-27.

后 记

深圳辉煌发展的40年，也是我国改革开放迅速腾飞的40年。作为一名研究经济与社会发展的学者，不仅是时代的见证者，也是探究其创新发展的研究者。

本书自2016年萌生创作灵感到初稿，再到修改与定稿，历时4年最终付梓。作为本书合著作者，徐传武博士不仅承担其中十万字的写作任务，还负责具体的组织管理事务；甘泗群博士承担了其中五万字的写作任务，并为本书提供了许多创新观点。章成林博士、李靳博士、贾鹏飞博士为本书的写作提出了宝贵的建议，张怡智、邵梦云、张露、傅好婧在资料搜集方面给予支持。特别要感谢东南大学出版社的相关领导和老师。在此，我深表感谢！

鉴于作者水平有限，存在偏颇与疏漏之处，请读者不吝赐教！

张跃平

2020年5月于南湖畔